NOTTINGHAM FRENCH STUDIES

VOLUME 56   NUMBER 3   AUTUMN 2017

Text, Knowledge and Wonder in Early Modern France: Studies in Honour of Stephen Bamforth

Edited by Neil Kenny

T0333142

Subscription rates for 2018

Three issues per year, published in March, July, and December

		Tier	UK	EUR	RoW	N. America
Institutions	Print& online	1	£116.00	£127.00	£134.00	$221.00
		2	£145.00	£156.00	£163.00	$269.00
		3	£181.00	£192.00	£199.00	$328.00
		4	£217.00	£228.00	£235.00	$388.00
		5	£246.00	£257.00	£264.00	$436.00
	Online	1	£98.00	£98.00	£98.00	$162.00
		2	£123.00	£123.00	£123.00	$203.00
		3	£154.00	£154.00	£154.00	$254.00
		4	£185.00	£185.00	£185.00	$305.00
		5	£208.00	£208.00	£208.00	$343.00
	Premium online	1	£127.00	£127.00	£127.00	$210.00
		2	£160.00	£160.00	£160.00	$264.00
		3	£200.00	£200.00	£200.00	$330.00
		4	£239.00	£239.00	£239.00	$394.00
		5	£270.00	£270.00	£270.00	$446.00
	DDP Premium		£39.00	£50.00	£57.00	$94.00
	Additional print volumes		£102.00	£112.00	£119.00	$196.00
	Single issues		£45.00	£57.00	£60.00	$99.00
Individuals	Print		£50.00	£61.00	£68.00	$115.50
	Online		£50.00	£50.00	£50.00	$85.00
	Print & Online		£61.00	£72.00	£79.00	$134.50
	Back issues/single copies		£18.50	£22.00	£24.50	$41.50

How to order

Subscriptions can be accepted for complete volumes only. Print prices include packing and airmail for subscribers outside the UK. Volumes back to the year 2000 are included in online prices. Print back volumes/single issues will be charged at the print rates stated above (vol. 51 onwards). Enquiries concerning back volumes/issues up to vol. 50 inclusive should be addressed to Dr. Laura Nixon, Secretary to the Board of *Nottingham French Studies*, Department of French and Francophone Studies, School of Cultures, Languages and Area Studies, University of Nottingham, Nottingham NG7 2RD; email: nfs@nottingham.ac.uk

All orders must be accompanied by the correct payment. You can pay by cheque in Pounds Sterling or US Dollars, bank transfer, Direct Debit or Credit/Debit Card. The individual rate applies only when a subscription is paid for with a personal cheque or credit card. Please make your cheques payable to Edinburgh University Press Ltd. Sterling cheques must be drawn on a UK bank account.

Orders for subscriptions and back issues can be placed by telephone, on +44(0)131 650 4196, by fax on +44(0)131 662 3286, using your Visa or Mastercard credit cards, or by email on journals@eup.ed.ac.uk. Don't forget to include the expiry date of your card, and the address that the card is registered to. Alternatively, you can use the online order form at www.euppublishing.com/page/nfs/subscribe.

Requests for sample copies, subscription enquiries, and changes of address should be sent to Journals Department, Edinburgh University Press, The Tun – Holyrood Road, Edinburgh EH8 8PJ; email: journals@eup.ed.ac.uk

NOTTINGHAM FRENCH STUDIES

VOLUME 56   NUMBER 3   AUTUMN 2017

CONTENTS

Special Issues of Nottingham French Studies

Future Special Issues

Nottingham French Studies 56.3 (2017): 249–255
DOI: 10.3366/NFS.2017.0187
© University of Nottingham
www.euppublishing.com/nfs

INTRODUCTION

NEIL KENNY

> For it is owing to their wonder that men both now begin and at first began to philosophize; they wondered originally at the obvious difficulties, then advanced little by little and stated difficulties about the greater matters, for example about the phenomena of the moon and those of the sun and the stars, and about the genesis of the universe. And a man who is puzzled and wonders thinks himself ignorant (whence even the lover of myth is in a sense a lover of wisdom, for myth is composed of wonders); therefore since they philosophized in order to escape from ignorance, evidently they were pursuing science in order to know, and not for any utilitarian end.[1]

This famous passage comes near the start of Aristotle's *Metaphysics*. If it makes explicit a connection between knowledge and wonder, it leaves implicit the connection with the third element of the trio examined by the present volume: texts (oral and written) were among the tools with which the philosophers described by Aristotle tried to turn wonder into philosophy.

Aristotle's first sentence in particular was endlessly quoted and paraphrased in the early modern period. The passage opens a window onto that period's preoccupation with wonder. But that window is not wide enough. It leaves out as much as it reveals. Wonders and the marvellous, having of course been prominent in medieval literature and thought, progressively exceeded (especially from the sixteenth century) the Aristotelian framework which, however flexibly, had long dominated high-culture thinking about the natural world. Wonder and wonders were increasingly associated with the preternatural irregularities, opacities, deformities, extremes, tricks, games, variations and hidden qualities that God and nature produced, alongside nature's regularities.[2] The period in Western Europe between the heyday of late medieval scholasticism and the eventual dominance (via the 'Scientific Revolution') of Newtonianism was one in which no single paradigm commanded near-universal consensus as an explanation of the natural

---

1. Aristotle, *Metaphysics* 982ᵇ, in *The Complete Works of Aristotle: The Revised Oxford Translation*, ed. by Jonathan Barnes, 2 vols (Princeton: Princeton University Press, 1995), II, p. 1554.

2. Classic accounts include Jean Céard, *La Nature et les prodiges: l'insolite au XVIᵉ siècle, en France* (Geneva: Droz, 1977); Lorraine Daston and Katharine Park, *Wonders and the Order of Nature 1150–1750* (New York: Zone Books, 1998).

world. Wonder raised the question of causal explanation, which it sometimes stimulated (as in the Aristotle locus), but sometimes held in suspense.

Wonder permeated countless texts, not just in practices such as natural history, medicine, collecting and travel,[3] but in many other genres of 'literature' (in the broad period sense of *litteratura* or *bonnes lettres* that ranges from systematic treatises to what we would today call literature). Despite their vast differences, the ending of Shakespeare's *Winter's Tale*, the theatre of Pierre Corneille, and a collection of monstrous and prodigious events such as Pierre Boaistuau's *Histoires prodigieuses* (first printed in 1560) have in common a primary appeal to wonder and awe. In Boaistuau's best-seller, that appeal partly took the form of visual illustrations. Visual wonder was also fundamental to the exercise of power, for example in the festivals and rituals with which the Valois and Bourbon monarchies sought to dazzle both their subjects and other countries' dignitaries. Indeed, although the above passage from Aristotle is known especially for its assertion that philosophy begins in wonder, it also connects wonder to the main visual language that such festivals used: that of ancient myth. The less widely quoted second half of the passage argues that myth and the natural world both elicit the same reaction of wonder. Myth is 'composed of wonders', by which one might understand metamorphoses, surprises and extreme or baffling actions.

Without being ubiquitous in early modern high culture, this nexus of text, knowledge and wonder permeated much of it. The present volume shows how the nexus took many forms, often with two of the three elements outweighing the third. The nexus has been studied in this flexible way for several decades by the person whom this volume honours. Stephen Bamforth has long made crucial contributions to our understanding of the interactions between text, knowledge and wonder in sixteenth- and seventeenth-century France. He has done pioneering research on figures who were fascinated by wonder, knowledge, nature (regular and irregular, human and non-human) and by the textual means of exploring them. If Stephen has often returned to two figures, Pierre Boaistuau[4]

---

3.   See for example Stephen Greenblatt, *Marvelous Possessions: The Wonder of the New World* (Chicago and London: Chicago University Press, 1991).

4.   See Stephen Bamforth's two critical editions of the *Histoires prodigieuses*, one of an important presentation manuscript and the other of the first printed edition: Pierre Boaistuau, *Histoires prodigieuses. Ms. 136 Wellcome Library*, ed. by Stephen Bamforth (Milan: Franco Maria Ricci, 2000) (Italian- and Spanish-language versions were published in the same year by the same publisher); Pierre Boaistuau, *Histoires prodigieuses (édition de 1561)*, ed. by Stephen Bamforth and Jean Céard (Geneva: Droz, 2010). Stephen Bamforth's other studies of Boaistuau are: 'Corps, monstre et prodige à la Renaissance: l'exemple de Pierre Boaistuau', in *Le Corps*, ed. by Emmanuel Jacquart (Strasbourg: University of Strasbourg, 2000), pp. 31–50; 'Littérature et religion au seizième siècle: note sur Pierre Boaistuau', *Religion et littérature à la Renaissance: mélanges en l'honneur de Franco Giacone*, ed. by François Roudaut (Paris: Classiques

and François Béroalde de Verville,[5] he has illuminated numerous others too, such as Jacques Peletier du Mans,[6] Du Bartas,[7] Claude

Garnier, 2012), pp. 473–99; 'Les Anomalies de l'ordre à travers les *Histoires prodigieuses* de Pierre Boaistuau (1560)', in *Anomalie dell'ordine: l'altro, lo straordinario, l'eccezionale nella modernità*, ed. by Luisa Simonutti, Enrico Nuzzo and Manuela Sanna (Rome: Aracne editrice, 2013), pp. 209–32; 'Boaistuau, ses *Histoires tragiques* et l'Angleterre', in *Les Histoires tragiques du XVIᵉ siècle: Boaistuau et ses émules*, ed. by Jean-Claude Arnould (Paris: Classiques Garnier, forthcoming). Several studies by Stephen Bamforth are on wonders and monsters more generally: 'On Gesner, Marvels and Unicorns', in *Nouveaux départs: Studies in Honour of Michel Jeanneret*, ed. by Stephen Bamforth (*Nottingham French Studies*, 49:3 (2010)), 110–45; 'Merveilles et merveilleux au XVIᵉ siècle', in *Un nouveau monde: naissance de la Lorraine moderne. Catalogue de l'exposition au Musée lorrain du 4 mai au 4 août 2013*, ed. by Olivier Christin (Paris: Somogy éditions d'art, 2013), pp. 156–67; 'Monstre, mer et merveille à la Renaissance', in *Textes au corps: promenades et musardises sur les terres de Marie Madeleine Fontaine*, ed. by Didier Kahn, Elsa Kammerer, Anne-Hélène Klinger-Dollé, Marine Molins and Anne-Pascale Pouey-Mounou (Geneva: Droz, 2015), pp. 305–26; 'Des *Amadis* aux prodiges: l'illustration du livre populaire à la Renaissance', in *Le Roman de chevalerie à la Renaissance: littérature et histoire du livre*, ed. by Jean-Eudes Girot (Paris: Michel Aubry, forthcoming).

5. Stephen Bamforth has devoted the following studies to Verville: 'Béroalde de Verville and the Question of Scientific Poetry', *Renaissance and Modern Studies*, 23 (1979), 104–27; 'Scientific and Religious Aspects of the Poetry of Béroalde de Verville', PhD thesis (University of Durham, 1979) (which contains much that is not available elsewhere); 'Anatomie et psychologie chez trois poètes de la création au XVIᵉ siècle: Scève, Du Bartas, Béroalde de Verville', in *Du Bartas poète encyclopédique du XVIᵉ siècle: colloque international, Faculté des Lettres et Sciences humaines de Pau et des pays de l'Adour, 7, 8, et 9 mars 1986*, ed. by James Dauphiné (Lyon: La Manufacture, 1988), pp. 41–51; 'Béroalde de Verville and *Les Apprehensions spirituelles*', *Bibliothèque d'Humanisme et Renaissance*, 56 (1994), 89–97; 'Béroalde de Verville poète de la connaissance', *Nouvelle revue du seizième siècle*, 14 (1996), 43–55; 'Autour du manuscrit 516 du Wellcome Institute de Londres: quelques réflexions sur Béroalde de Verville, médecin et alchimiste', in *Béroalde de Verville 1555–1626* (Paris: Presses de l'École Normale Supérieure, 1996), pp. 41–56; 'Grivoiserie et science chez Béroalde de Verville: autour de l'abstinente de Confolens', in *Rire à la Renaissance: colloque international de Lille, Université Charles-de-Gaulle – Lille III, 6–8 novembre 2003*, ed. by Marie Madeleine Fontaine (Geneva: Droz, 2010), pp. 301–24; 'Béroalde de Verville – de l'alchimie au libertinage (érudit?)', in *La Verve, la plume et l'échoppe: études renaissantes à la mémoire de Michel Simonin*, ed. by Chiara Lastraioli and Toshinori Uetani (Turnhout: Brepols, forthcoming).

6. Stephen Bamforth, 'Peletier du Mans and "scientific eloquence"', in *Forms of Eloquence in French Renaissance Poetry*, ed. by Stephen Bamforth (*Renaissance Studies*, 3:2 (1989)), 202–11; Jacques Peletier du Mans, *Œuvres complètes*, vol. X: *Euvres poetiques intitulez louanges aveq quelques autres escriz*, ed. by Sophie Arnaud, Stephen Bamforth and Jan Miernowski (Paris: Champion, 2005).

7. Stephen Bamforth, 'Du Bartas et le merveilleux', in *'La Sepmaine' de Du Bartas: ses lecteurs et la science de son temps*, ed. by Denis Bjaï (Geneva: Droz, 2015), pp. 29–44.

Duret,[8] Isaac Habert,[9] or Nicolas Abraham de la Framboisière.[10] He has shed light on the wide range of connected disciplines that some of these figures practised, including alchemy, medicine and astronomy.[11] He has consistently demonstrated the fundamental role played in the process by literary genres, notably scientific poetry, developing in new directions the field inaugurated by Albert-Marie Schmidt.[12] On the other hand, as for Aristotle, so for Bamforth: the erudite culture of wonder provides a link to the other, apparently distinct, but in fact connected area in which Stephen has done ground-breaking research: that of textual representations of mythology-laden courtly festivals, in particular the 1518 Bastille ceremony marking the betrothal of Princess Mary of England to the Dauphin of France and the more famous 1520 Field of the Cloth of Gold at which François Ier met Henry VIII in the English-controlled Pale of Calais.[13] Related to this work have

8.   Stephen Bamforth, 'Le Thème de Babel dans l'œuvre de Claude Duret', in *Babel à la Renaissance: actes du XIe colloque international de la Société Française d'Étude du XVIe siècle*, ed. by James Dauphiné and Myriam Jacquemier (Mont-de-Marsan: Éditions interuniversitaires, 1999), pp. 227–40.

9.   Stephen Bamforth, 'Un poète scientifique méconnu: Isaac Habert (1560–vers 1625) et son *Poème du soleil*', *Nouvelle revue du seizième siècle*, 3 (1985), 65–89.

10. Stephen Bamforth, 'Médecine et philosophie dans l'œuvre de Nicolas Abraham de la Framboisière', in *Esculape et Dionysos: Melanges en l'honneur de Jean Céard*, ed. by Jean Dupèbe, Franco Giacone, Emmanuel Naya and Anne-Pascale Pouey-Mounou (Geneva: Droz, 2008), pp. 177–202; Stephen Bamforth, 'La Carrière de Nicolas Abraham de la Framboisière, conseiller et médecin du roi (1560–1636)', in *Écoles et université à Reims IXe–XVIIIe siècles,* ed. by Patrick Demouy (Reims: Presses de l'Université de Reims, 2010), pp. 65–80; Stephen Bamforth, 'Nicolas Abraham de la Framboisière, conseiller et médecin du roi: note biographique sur un médecin méconnu', in *À la recherche d'un sens: littérature et vérité. Mélanges offerts à Monique Gosselin-Noat*, ed. by Yves Baudelle, Jacques Deguy, and Christian Morzewski, 2 vols (Lille: Université Charles de Gaulle-Lille 3, 2014), I, pp. 199–218.

11. See also Stephen Bamforth, 'Paracelsisme et médecine chimique à la cour de Louis XIII', in *Paracelsus und seine Internationale Rezeption in der Frühen Neuzeit: Beiträge zur Geschichte des Paracelsimus*, ed. by Ilana Zinguer and Heinz Schott (Leiden: Brill, 1998), pp. 222–37; Jean Dupèbe and Stephen Bamforth, 'Médecins', in Stephen Bamforth et al., *Prosateurs latins en France au XVIe siècle* (Paris: Presses de l'Université de Paris Sorbonne, 1987), pp. 571–665.

12. Albert-Marie Schmidt, *La Poésie scientifique en France au seizième siècle* (Paris: Albin Michel, 1938).

13. Stephen Bamforth, 'Architecture and Sculpture at the Field of the Cloth of Gold (1520) and the Bastille Festival (1518)', in *Secular Sculpture 1300–1550*, ed. by Phillip Lindley and Thomas Frangenberg (Stamford: Shaun Tyas, 2000), pp. 219–36; Stephen Bamforth and Jean Dupèbe, 'Un poème de Sylvius sur l'entrevue du Camp du Drap d'Or', *Bibliothèque d'Humanisme et Renaissance*, 52 (1990), 635–42; Jean Dupèbe and Stephen Bamforth, 'The *Silva* of Bernardino Rincio (1518)', *Renaissance Studies*, 8 (1994), 256–315; Jacobus Sylvius (Jacques Dubois), *Francisci Francorum regis et Henrici*

been other studies of the connection between literary culture and politics in the reign of François Ier.[14]

Stephen's work is marked by a distinctive combination of qualities: a balance of passionate empathy and critical detachment when seeking to understand what are for us some of the stranger pathways taken by Renaissance literature, thought and culture; remarkable erudition; an enviable ability to master technical and scientific disciplines; formidable philological and scholarly-editing skills; the instincts of a scholarly sleuth that have led to major discoveries;[15] and a collegial outlook that has led to fruitful collaborations such as those with Jean Céard and Jean Dupèbe (both contributors to this volume). Stephen's deeply interdisciplinary outlook has made him follow his objects of study into whatever field they have led him. It is, in other words, a holistic outlook; it pays as much attention to the body and to material culture as to the mind. Attention to the physical characterizes his interest not just in festivals but also in Montaigne, in dance and in the festive materiality of drama.[16] (The interest apparently

---

Anglorum colloquium (Paris, Josse Badius, 1520), ed. and transl. by Stephen Bamforth and Jean Dupèbe (*Renaissance Studies*, 5:1–2 (1991)), i–x, 1–237.

14. Stephen Bamforth, 'A Forgotten Humanist Tribute to François Ier: The *Geographia* of Paolo Pietrasanta', in *Humanism and Letters in the Age of François Ier*, ed. by Philip Ford and Gillian Jondorf (Cambridge: Cambridge French Colloquia, 1996), pp. 17–40; Stephen Bamforth, 'Clément Marot, François Ier et les muses', in *Clément Marot, 'Prince des poëtes françois', 1496–1996: actes du colloque international de Cahors en Quercy 21–25 mai 1996*, ed. by Gérard Defaux and Michel Simonin (Paris: Honoré Champion, 1997), pp. 225–35; Stephen Bamforth, 'Clément Marot et le projet de paix universelle de 1518: poésie et propagande', in *La Génération Marot: poètes français et néo-latins (1515–1550). Actes du colloque international de Baltimore, 5–7 décembre 1996*, ed. by Gérard Defaux (Paris: Honoré Champion, 1997), pp. 113–29.

15. Especially Stephen's discoveries of (i) the illuminated manuscript version of the *Histoires prodigieuses* that Pierre Boaistuau presented to Queen Elizabeth of England, (ii) Sylvius's account of the Field of the Cloth of Gold.

16. See the following studies by Stephen Bamforth: 'Jacques Lassalle et sa mise en scène de *Dom Juan*', in *Molière mis en scène*, ed. by David Whitton (*Œuvres et critiques*, 22:2 (1997)), 164–79; 'Rabelais et la fête', in *Rabelais – Dionysos, vin, carnaval, ivresse: actes du colloque de Montpellier 26–28 mai 1994*, ed. by Michel Bideaux with Redmond O'Hanlon and Jean-Michel Picard (Marseille: Jeanne Laffitte, 1997), pp. 81–95; 'Molière et Rabelais', in *Molière et la fête: actes du colloque international de Pézenas 7–8 juin 2001*, ed. by Jean Emelina (Pézenas: Ville de Pézenas, 2003), pp. 51–79; 'Aspects théâtraux du *Cymbalum mundi*', in *Le Cymbalum mundi: actes du colloque de Rome (3–6 novembre 2000)*, ed. by Franco Giacone (Geneva: Droz, 2003), pp. 363–76; 'Dancing Your Way out of a Tight Corner: Reflections on Dance in Sixteenth-Century France', in *Sur quel pied danser? Danse et littérature: actes du colloque organisé par Hélène Stafford, Michael Freeman et Edward Nye en avril 2003 à Lincoln College, Oxford*, ed. by Edward Nye (Amsterdam: Rodopi, 2005), pp. 31–49; 'Montaigne and Catullus', in *Montaigne et les anciens*, ed. by Catherine Magnien (*Montaigne Studies*, 17:1–2 (2005)),

overspilled into his directing, and performing in, several memorable productions of departmental French plays at the University of Nottingham.)

The present issue begins with a group of three essays that focus on the textual and literary communication of wondrous and other knowledge, from the sixteenth to the mid-seventeenth century. First, Jean Céard examines multiple textual embeddings of three related plant-marvels – the mandrake, the Baara root and ginseng. Boaistuau appears here, not in isolation, but as one of many compilers of horticultural and other wonders. Secondly, Marie Madeleine Fontaine focuses more squarely on Boaistuau to show how his interest in monsters and prodigies was just one dimension of a broader moral and pedagogical impulse reflected in his other works too, such as the *Histoire sur l'institution des princes chrestiens* (1556). In reality an adaptation of a work by Josse van Clichtove (*De regis officio opusculum*), the *Histoire* was however presented by Boaistuau as a translation of a work by one (non-existent) Chelidonius Tigurinus. Fontaine examines the modes of transmission of knowledge that led from Boaistuau's text to a manuscript work that an apothecary (Nicolas Houel) composed for Catherine de' Medici. Thirdly, Didier Kahn shows how the unprecedented fusion of alchemy and prose romance that originated in the mid-sixteenth century still flourished as late as the mid-seventeenth with Claude-Barthélemy Morisot's *Peruviana*, a remarkable allegorical narrative written in Latin, in which the political events at the French court in the preceding decades were recast as the stages of an alchemical operation.

Next come three essays that assess the textual transmission of knowledge in the context of *other* forms of transmission, such as oral, institutional, or familial. First, Jean Dupèbe shows how Nostradamus, later famous for his prophecies, acquired pharmaceutical knowledge not only from texts but from empirical sources (which supplied medicinal wonders such as whale-sperm) and from the extra-institutional teaching given by one physician in particular, the great humanist Julius Caesar Scaliger. Secondly, Neil Kenny asks what was transmitted to Béroalde de Verville by his scholar-father, both textually and extra-textually. As in the case of Nostradamus, this gamut of transmission runs from formal, systematic kinds of knowledge to the hands-on ones more associated with the world of practitioners such as surgeons and alchemists. This group of essays, like the first, then ends later in the seventeenth century: Richard Maber assesses the interpersonal and institutional dynamics that underpinned the short-lived

---

35–52; 'Melons and Wine: Montaigne and joie de vivre in Renaissance France', in *Joie de vivre in French Literature and Culture: Essays in Honour of Michael Freeman*, ed. by Susan Harrow and Timothy Unwin (Amsterdam: Rodopi, 2009), pp. 99–128. Also on theatre, see *Molière*, ed. by Stephen Bamforth, (*Nottingham French Studies*, 33:1 (1994)), including an essay by Bamforth, 'Molière and Propaganda', pp. 20–7; Stephen Bamforth, 'A Second Missing Scene in Racine's *Phèdre*', *Seventeenth-Century French Studies*, 16 (1994), 161–6.

Académie de physique of Caen, founded in 1662, which he sees as a symptom of a shift in some quarters away from a multidisciplinary approach to knowledge towards a focus on the natural world.

Finally, the volume explores, through two essays, how the nexus of text, knowledge and wonder permeated other areas of culture: festival and poetry. First, Richard Cooper shows how textual sources (especially diplomatic reports) transmitted knowledge of – and can now be used to reconstruct – the extraordinary Carnival festivities that took place at the newly enlarged Château of Cognac in 1520, replete with the iconography of ancient myth. As well as affirming the Angoulême branch of the Valois in the very château where François Ier had been born, the festivities represented another phase in Anglo-French relations that was sandwiched chronologically between the two festivals studied by Bamforth. The volume then ends by opening up a further avenue for exploring the nexus of text, knowledge and wonder, one that leads from the poet Maurice Scève in the sixteenth century to Stéphane Mallarmé in the nineteenth. James Helgeson analyses deictics (words like 'here', 'this', 'I') in poetry. While arguing that poetic deixis is on a continuum with everyday language, he presents it as deliberately troubling. The methodological hinterland of this essay includes both the long-standing tradition of aesthetic wonder and also the twentieth-century one of literature-as-defamiliarizing (Roman Jakobson), although neither is explicitly evoked by Helgeson, who prefers a continuum between the literary and the non-literary, drawing on the more recent framework of cognitive pragmatics. The essay points to further ways, beyond the language of wonder, of thinking about literature's capacity both to enrich and to unsettle our knowledge – in this case our knowledge of the referential worlds to which poems seem to point.

The range of contributors reflects the deep admiration and affection for Stephen that exists on both sides of the Channel. The four French contributors (Jean Céard, Jean Dupèbe, Marie Madeleine Fontaine and Didier Kahn) – pioneers of the study of the relation of literature to the body, marvels, medicine, alchemy and much else – have all collaborated with Stephen in one way or another. The UK-based contributors include two Richards (Cooper and Maber), whose friendship with Stephen goes back decades, and one of whom (Maber) was the University of Durham's internal examiner of Stephen's 1979 doctoral thesis, supervised by the late Dudley Wilson. Another, James Helgeson, represents the Nottingham team – Stephen's colleagues in the Department of French and Francophone Studies, which Stephen joined in 1973 and where he is Emeritus Professor. I myself first encountered Stephen in the 1980s through our shared interest in Béroalde de Verville.

For help in bringing this special issue to fruition, warm thanks are due to Gillian Pink, Katherine Shingler and James Helgeson. The issue is offered both in homage to Stephen and with gratitude for his being such an inspiring, generous and genial researcher, colleague and friend.

Nottingham French Studies 56.3 (2017): 256–260
DOI: 10.3366/nfs.2017.0188
© University of Nottingham
www.euppublishing.com/nfs

STEPHEN BAMFORTH – LIST OF PUBLICATIONS

François Rabelais, *Pantagrueline Prognostication pour l'an 1533 avec les almanachs pour les ans 1533, 1535 et 1541. La grande et vraye Pronostication nouvelle de 1544*, textes établis, avec introduction, commentaires, appendices et glossaires par M. A. Screech, assisté par Gwyneth Tootill, Anne Reeve, Martine Morin, Sally North et Stephen Bamforth (Paris and Geneva: Droz, 1974)

'Béroalde de Verville and the Question of Scientific Poetry', *Renaissance and Modern Studies*, 23 (1979), 104–27

'Un poète scientifique méconnu: Isaac Habert (1560–vers 1625) et son *Poème du Soleil*', *Nouvelle revue du seizième siècle*, 3 (1985), 65–89

(with Jean Dupèbe) Chapitre XI ('Médecins') in *Prosateurs latins en France au XVIe siècle* (Paris: Presses de l'université de Paris-Sorbonne, 1987), pp. 571–665

'Anatomie et psychologie chez trois poètes de la création au seizième siècle: Scève, du Bartas, Béroalde de Verville', in *Du Bartas poète encyclopédique du XVIe siècle: colloque international, Faculté des Lettres et Sciences humaines de Pau et des pays de l'Adour 7, 8 et 9 mars 1986*, ed. by James Dauphiné (Lyon: La Manufacture, 1988), pp. 41–51

Forms of Eloquence in French Renaissance Poetry, ed. by Stephen Bamforth (*Renaissance Studies*, 3:2 (1989))

'Peletier du Mans and "scientific eloquence"', in *Forms of Eloquence in French Renaissance Poetry*, ed. by Stephen Bamforth (*Renaissance Studies*, 3:2 (1989)), 202–11

(with Jean Dupèbe) 'Un poème de Sylvius sur l'entrevue du Camp du Drap d'Or', *Bibliothèque d'Humanisme et Renaissance*, 52 (1990), 635–42

Jacobus Sylvius (Jacques Dubois), *Francisci Francorum Regis et Henrici Anglorum Colloquium (Paris, Josse Badius, 1520)*, ed. and transl., with commentary and notes, by Stephen Bamforth and Jean Dupèbe (*Renaissance Studies*, 5:1–2 (1991)), i–x, 1–237

'The Editing and Translating of Jacobus Sylvius, *Francisci francorum regis et Henrici anglorum colloquium (1521)*', *Bulletin of the Society for Renaissance Studies*, 10 (1992), 6–15

'The Field of the Cloth of Gold – or all that glistens. . .', *French Studies Bulletin*, 13, issue 48 (1993), 15–16

Molière, ed. by Stephen Bamforth (*Nottingham French Studies*, 33:1 (1994))

'Molière and propaganda', in *Molière*, ed. by Stephen Bamforth (*Nottingham French Studies*, 33:1 (1994)), 20–7

(with Jean Dupèbe) 'The *Silva* of Bernardino Rincio (1518)', *Renaissance Studies*, 8:3 (1994), 256–315

'A Second Missing Scene in Racine's *Phèdre*', *Seventeenth-Century French Studies*, 16 (1994), 161–6

'Béroalde de Verville and *Les Apprehensions spirituelles'*, *Bibliothèque d'Humanisme et Renaissance*, 56 (1994), 89–97

'Béroalde de Verville poète de la connaissance', *Nouvelle revue du seizième siècle*, 14 (1996), 43–55

'Autour du manuscrit 516 du Wellcome Institute de Londres: quelques réflexions sur Béroalde de Verville, médecin et alchimiste', in *Béroalde de Verville 1556–1626* (Paris: Presses de l'École Normale Supérieure, 1996), pp. 41–56

'A Forgotten Humanist Tribute to François Ier: The *Geographia* of Paolo Pietrasanta', in *Humanism and Letters in the Age of François Ier: Proceedings of the Fourth Cambridge French Colloquium 19– 21 September 1994*, ed. by Philip Ford and Gillian Jondorf (Cambridge: Cambridge French Colloquia, 1996), pp. 17–40

'Rabelais et la fête', in *Rabelais – Dionysos: vin, carnaval, ivresse: actes du colloque de Montpellier 26–28 mai 1994*, ed. by Michel Bideaux with Redmond O'Hanlon and Jean-Michel Picard (Marseille: Jeanne Laffitte, 1997), pp. 81–95

'Clément Marot et le projet de paix universelle de 1518: poésie et propagande', in *La Génération Marot: poètes français et néo-latins (1515–1550). Actes du colloque international de Baltimore 5–7 décembre 1996*, ed. by Gérard Defaux (Paris: Honoré Champion, 1997), pp. 113–29

'Clément Marot, François Ier et les Muses', in *Clément Marot, 'Prince des poëtes françois', 1496–1996: actes du colloque international de Cahors en Quercy 21–25 mai 1996*, ed. by Gérard Defaux and Michel Simonin (Paris: Honoré Champion, 1997), pp. 225–35

'Jacques Lassalle et sa mise en scène de *Dom Juan*', in *Molière mis en scène*, ed. by David Whitton (*Œuvres et critiques*, 22:2 (1997)), 164–79

'Paracelsisme et médecine chimique à la cour de Louis XIII', in *Paracelsus und seine Internationale Rezeption in der Frühen Neuzeit: Beiträge zur Geschichte des Paracelsus*, ed. by Ilana Zinguer and Heinz Schott (Leiden: Brill, 1998), pp. 222–37

'Le Thème de Babel dans l'œuvre de Claude Duret', in *Babel à la Renaissance: actes du XIe colloque international de la Société Française d'Étude du XVIe siècle*, ed. by James Dauphiné and Myriam Jacquemier (Mont-de-Marsan: Éditions interuniversitaires, 1999), pp. 227–40

'Corps, monstre et prodige à la Renaissance: l'exemple de Pierre Boaistuau', in *Le Corps*, ed. by E. Jacquart, (Strasbourg: University of Strasbourg, 2000), pp. 31–50

'Architecture and Sculpture at the Field of Cloth of Gold (1520) and the Bastille Festival (1518)', in *Secular Sculpture 1300–1550*, ed. by Phillip Lindley and Thomas Frangenberg (Stamford: Shaun Tyas, 2000), pp. 219–36

Pierre Boaistuau, *Histoires prodigieuses. Ms.136 Wellcome Library*, sous la direction de/ed. by Stephen Bamforth (Milan: Franco Maria Ricci: 2000)

Pierre Boaistuau, *Storie prodigiose di Pierre Boaistuau dal manoscritto 136 della Wellcome Library di Londra con dedica a Elisabetta d'Inghilterra trascritto e annotato da Stephen Bamforth*, (Milan: Franco Maria Ricci, 2000)

Pierre Boaistuau, *Historias prodigiosas di Pierre Boaistuau del manuscritto francés 136 de la Wellcome Library de Londres con dedicatoria a Isabel, reina de Inglaterra transcripción y notas de Stephen Bamforth* (Milan: Franco Maria Ricci/Barcelona: Ebrisa, 2000)

'Molière et Rabelais', in *Molière et la fête: actes du colloque international de Pézenas 7–8 juin 2001*, ed. by Jean Emelina (Pézenas: Ville de Pézenas, 2003), pp. 51–79

'Aspects théâtraux du *Cymbalum mundi*', in *Le Cymbalum mundi: actes du colloque de Rome (3–6 novembre 2000)*, ed. by Franco Giacone (Geneva: Droz, 2003), pp. 363–76

'Dancing your Way out of a Tight Corner: Reflections on Dance in Sixteenth-Century France', in *Sur quel pied danser? Danse et littérature: actes du colloque organisé par Hélène Stafford, Michael Freeman et Edward Nye en avril 2003 à Lincoln College, Oxford*, ed. by Edward Nye (Amsterdam and New York: Rodopi, 2005), pp. 31–49

Jacques Peletier du Mans, *Œuvres complètes: Tome X Euvres poetiques intitulez louanges aveq quelques autres ecriz*, édition critique par Sophie Arnaud, Stephen Bamforth, Jan Miernowski (Paris: Champion, 2005)

'Montaigne and Catullus', in *Montaigne et les anciens*, ed. by Catherine Magnien (*Montaigne Studies*, 17:1–2 (2005)), 35–52

'Médecine et philosophie dans l'œuvre de Nicolas Abraham sieur de la Framboisière', in *Esculape et Dionysos: mélanges en l'honneur de Jean Céard*, ed. by Jean Dupèbe, Franco Giacone, Emmanuel Naya et Anne-Pascale Pouey-Mounou (Geneva: Droz, 2008), pp. 177–202

'Grivoiserie et science chez Béroalde de Verville: autour de l'abstinente de Confolens', in *Rire à la Renaissance: colloque international de Lille, Université Charles-de-Gaulle – Lille III, 6–8 novembre 2003*, ed. by Marie Madeleine Fontaine (Geneva: Droz, 2010), pp. 301–24

'Melons and Wine: Montaigne and *joie de vivre* in Renaissance France', in *Joie de vivre in French Literature and Culture: Essays in Honour of Michael Freeman*, ed. by Susan Harrow and Timothy Unwin (Amsterdam: Rodopi, 2009), pp. 99–128

Pierre Boaistuau, *Histoires prodigieuses (édition de 1561). Édition critique. Introduction par Stephen Bamforth. Texte établi par Stephen Bamforth et annoté par Jean Céard*, TLF 605 (Geneva: Droz, 2010)

Nouveaux départs: Studies in Honour of Michel Jeanneret, ed. by Stephen Bamforth (*Nottingham French Studies*, 49:3 (2010))

'On Gesner, Marvels and Unicorns', in *Nouveaux départs: Studies in Honour of Michel Jeanneret*, ed. by Stephen Bamforth (*Nottingham French Studies*, 49:3 (2010)), 110–45

'La Carrière de Nicolas Abraham de la Framboisière, conseiller et médecin du roi (1560–1636)', in *Écoles et université à Reims IXe–XVIIIe siècles*, ed. by Patrick Demouy (Reims: Presses de l'Université de Reims, 2010), pp. 65–80

'Littérature et religion au seizième siècle: note sur Pierre Boaistuau', in *Religion et littérature à la Renaissance: mélanges en l'honneur de Franco Giacone*, ed. by François Roudaut (Paris: Classiques Garnier, 2012), pp. 473–99

'Merveilles et merveilleux au XVIe siècle', in *Un nouveau monde: naissance de la Lorraine moderne. Catalogue de l'exposition au Musée lorrain du 4 mai au 4 août 2013*, ed. by Olivier Christin (Paris: Somogy éditions d'art, 2013), pp. 156–67

'Saint Clément et le Graoully', 'Sainte Marthe avec la Tarasque', 'Elément décoratif: dragon ou Graoully', 'Chimère ayant servi de support à un réchaud', 'Jean Chassanion *De gigantibus* [...]', 'Figure d'un cochon monstrueux, nay à Mets en Lorraine', 'Pierre Boaistuau *Histoires prodigieuses extraictes de plusieurs auteurs, grecs & latins* [...]', catalogue entries 110–16, in *Un nouveau monde: naissance de la Lorraine moderne. Catalogue de l'exposition au Musée lorrain du 4 mai au 4 août 2013*, ed. by Olivier Christin (Paris: Somogy éditions d'art, 2013), pp. 280–83

'Les Anomalies de l'ordre à travers les *Histoires prodigieuses* de Pierre Boaistuau (1560)', in *Anomalie dell'ordine: l'altro, lo straordinario, l'eccezionale nella modernità*, ed. by Enrico Nuzzo, Manuela Sanna, Luisa Simonutti (Rome: Aracne, 2013), pp. 209–32

'Nicolas Abraham de la Framboisière, conseiller et médecin du roi (1560–1636): note biographique sur un médecin méconnu', in *À la recherche d'un sens: littérature et vérité. Mélanges offerts à Monique Gosselin-Noat*, ed. by Yves Baudelle, Jacques Deguy and Christian Morzewski, 2 vols (Lille: Université Charles de Gaulle-Lille 3, 2014), I, pp. 199–218

'Du Bartas et le merveilleux', in *La 'Sepmaine' de Du Bartas: ses lecteurs et la science de son temps*, ed. by Denis Bjaï (Geneva: Droz, 2015), pp. 29–44

'Monstre, mer et merveille à la Renaissance', in *Textes au corps: promenades et musardises sur les terres de Marie Madeleine Fontaine*, ed. by Didier Kahn, Elsa Kammerer, Anne-Hélène Klinger-Dollé, Marine Molins et Anne-Pascale Pouey-Mounou (Geneva: Droz, 2015), pp. 305–26

In press/submitted for publication
'Des Amadis aux Prodiges – l'illustration du livre populaire à la Renaissance', in *Le Roman de chevalerie à la Renaissance: littérature et histoire du livre*, ed. by Jean-Eudes Girot (Paris: Michel Aubry)

'Béroalde de Verville – de l'alchimie au libertinage (érudit?)', in *La Verve, la plume et l'échoppe: études renaissantes à la mémoire de Michel Simonin*, ed. by Chiara Lastraoli and Toshinori Uetani (Turnhout: Brepols)

'Boaistuau, ses *Histoires tragiques* et l'Angleterre', in *Les Histoires tragiques du XVIe siècle: Boaistuau et ses émules*, ed. by Jean-Claude Arnould (Paris: Garnier)

'A Curious Case of Literary Fellowship - or, a Footnote to a Forgery', in *Sodalitas – Essays in Memory of Philip Ford*, ed. by Ingrid de Smet and Paul White (Geneva: Droz)

Nottingham French Studies 56.3 (2017): 261–271
DOI: 10.3366/nfs.2017.0189
© University of Nottingham
www.euppublishing.com/nfs

MANDRAGORE, RACINE DE BAARA, GINSENG: LITTÉRATURE ET ÉMERVEILLEMENT

JEAN CÉARD

Les merveilles de la nature sont, pour la littérature de la Renaissance, une source inépuisable d'inspiration. Elles peuvent ne survenir, dans le récit, que fugitivement, comme cette fameuse herbe éthiopis qui « ouvre toutes les serrures qu'on luy presente »[1], si bien qu'arrivé au temple de la Dive Bouteille, Pantagruel, voyant ses portes s'écarter devant lui, se demande si ce ne serait pas l'effet de cette herbe merveilleuse[2]. Mais ces merveilles peuvent aussi nourrir de longs discours, comme ceux de la poésie dite scientifique: on en voit certaines ponctuer significativement les amples descriptions de la *Sepmaine* de Du Bartas[3].

L'usage moderne nous fait distinguer les ouvrages scientifiques et les œuvres littéraires proprement dites; mais, au seizième siècle, c'est presque insensiblement que l'on passe des unes aux autres, et certains textes se tiennent dans l'entre-deux: ainsi les relations de voyage. Au reste, les éditeurs de l'époque savent proposer certains ouvrages qui mettent à la portée d'un plus grand public les œuvres savantes: ces publications que, pour faire vite, on appellera de vulgarisation, offrent au lecteur des versions simplifiées d'œuvres plus ambitieuses, et les hommes de lettres ne s'y trompent pas. *L'Histoire des plantes* dite de « Leonart Fuschs medecin tresrenommé », que publie en 1558 Guillaume Rouille à Lyon, constitue un commode répertoire botanique où, désireux de collecter des singularités et des merveilles, puisent à pleines mains Boaistuau, pour ses *Histoires prodigieuses*, ou Du Bartas, pour sa *Sepmaine*. L'éditeur Guillaume Cavellat, qui a publié les ouvrages de Pierre Belon, zoologiste et voyageur, met sur le marché un ouvrage intitulé *Portraicts d'oyseaux, animaux, serpens, herbes, plantes, arbres, hommes et femmes d'Arabie et Egypte, observez par P. Belon du Mans* (1558): de belles images et d'allègres quatrains remplacent

---

1. Rabelais, *Quart livre*, chap. 62.

2. Rabelais, *Cinquiesme livre*, chap. 36.

3. Voir Jean Céard, « La *Sepmaine* de Du Bartas et les singularités », dans *La « Sepmaine » de Du Bartas, ses lecteurs et la science du temps*, dir. par Denis Bjaï (Genève: Droz, 2015), pp. 17–27.

les longues et complexes descriptions des œuvres originales. Pensons encore aux *Icones animalium* qui, en 1558 et 1560, mettent commodément à la portée du public un abrégé illustré des quelque quatre mille pages de l'*Historia animalium* de Gesner: Ambroise Paré, qui n'est pas zoologiste, use de ce commode résumé pour son livre *Des monstres et prodiges*.

On ne s'étonnera pas que, dans ces œuvres abrégées, les merveilles de la nature aient une place de choix. Au reste, certains lecteurs les en extraient pour constituer de plus ou moins vastes recensements, qui obéissent à des motivations diverses, mais convergentes. Le plus ample, la *Thaumatographia* que John Johnstone publie en 1632, parvient, sous un volume réduit, à arpenter toute la création en usant de résumés pour ranger, selon l'ordre de l'alphabet, les merveilles de l'un des cantons du monde. Il a son répondant en France avec l'*Essay des merveilles de nature* que fait paraître en 1621 le jésuite Estienne Binet, ouvrage dont on sait le très grand succès. D'autres auteurs restreignent leur regard: Claude Duret publie en 1605 une *Histoire admirable des plantes et herbes esmerveillables et miraculeuses en nature: mesmes d'aucunes qui sont vrays Zoophytes, ou Plant'-animales, Plantes et Animaux tout ensemble, pour avoir vie vegetative, sensitive et animale.*

Ce titre même indique ce qui attire et séduit dans ces plantes. Si vaste que soit la création, elle est magnifiquement ordonnée, et la variété qui s'y donne à voir met, pour ainsi dire, en valeur l'ordre qui la régit. Il est pourtant certaines créatures qui semblent condenser en elles les caractères spécifiques de créatures appartenant à des règnes ou à des ordres différents et séparés: ainsi font les zoophytes, terme si bien traduit par le nom composé de plant'-animales. Il en est d'autres qui, plus subtilement, tout en demeurant dans le règne ou dans l'ordre qui est le leur, semblent cultiver avec des êtres appartenant à un autre ordre une proximité qui se manifeste par de curieuses ressemblances et qui peuvent leur valoir une intéressante fortune littéraire. On tâchera de le montrer en examinant le cas de trois plantes, bien différentes à première vue, mais qui se sont trouvées, sinon assimilées, du moins rapprochées: la mandragore, la racine de Baara et le ginseng. (Aujourd'hui la mandragore est largement légendaire, la racine de Baara n'est guère connue que des érudits, et seul le ginseng est amplement célébré pour ses vertus pharmaceutiques et alimentaires.)

On trouve ces plantes, toutes trois regroupées, dans l'article qu'au début du dix-huitième siècle, Dom Calmet consacre à la mandragore dans son *Dictionnaire de la Bible*. Mais, dès le seizième siècle, Matthiole, commentant Dioscoride, mentionne longuement, à propos de la mandragore, la racine de Baara; et, en 1638, un apothicaire de Montpellier, Pierre Catelan, publie, à Paris, « Aux despens de l'Autheur », un *Rare et curieux discours de la plante appellée* MANDRAGORE; *et de ses especes, vertus et usage. Et particulierement de celle qui produit une Racine, representant de figure, le corps d'un homme; qu'aucuns croient celle que Josephe appelle* BAARAS [. . .]. La mandragore a une particularité qu'après bien d'autres Dalechamps expose en ces termes:

> Elle est aussi appellée Anthropomorphos, pource qu'elle a la figure de l'homme, d'autant que quasi toutes les racines de Mandragore dés le milieu en bas sont forchues, et retirent aux cuisses d'un homme: tellement que si on les arrache au temps qu'elles sont chargees de fruict, elles retirent aucunement au corps d'un homme sans bras.[4]

Catelan renforce encore l'humanisation de la mandragore, avec

> sa racine si proprement façonnée, se rapportant à la figure humaine, et plustost à celle d'un homme que celle d'une femme, parce qu'outre toutes les parties du corps qui sont communes à l'un et à l'autre sexe, on y remarque cette circonstance particuliere, à sçavoir qu'à l'endroit du menton, et du bas du nez, contre les narines, il s'y trouve de fort petis filamens qui se rapportent aux poils de la barbe, et des moustaches. [. . .] Les Allemans ont pris sujet de dire que le nom de Mandagore a esté tiré de leur langue, à sçavoir de *Man*, c'est à dire homme, et *dragen*, porter, pour dire, *figuram hominis gerens*, representant ou portant la figure d'un homme.[5]

Cette caractéristique crée une affinité entre la mandragore et la plante exotique que les voyageurs du dix-septième siècle découvrent en Extrême-Orient, le ginseng. Le jésuite Guy Tachard, dans son *Voyage de Siam*, consacre tout un développement au ginseng, la plante d'Orient « dont on fait le plus de cas »:

> Sa chair ou sa poulpe est lisse, ayant des filets semblables à des cheveux. Il se rencontre quelquefois de ces racines qui ont la figure d'un homme, et c'est de là qu'elles tirent leur nom. Car *Gin* en chinois veut dire un homme, et *Seng* signifie tantôt tuer et tantôt guerir, selon qu'on le prononce differemment, parce que cette racine prise bien ou mal à propos, cause des effets tout à fait contraires.[6]

Mais, avant que la nouvelle du ginseng parvienne en Occident, c'est entre la mandragore et la racine de Baara que se font la plupart des rapprochements. Les botanistes s'accordent à dire qu'il existe deux, et même trois sortes de mandragore: « Dioscoride en establit deux especes, note Dalechamps; assavoir la Mandragore masle, ou soit la blanche, et la femelle, qui est aussi appellée Tridacias. Et en outre une troisiesme, qu'il surnomme Morion. »[7] Tel est aussi

---

4.   Jacques Dalechamps, *Histoire générale des plantes* (Lyon: chez les héritiers de Guillaume Rouille, 1615), II, p. 580.

5.   Pierre Catelan, *Rare et curieux discours de la plante appellée mandragore*, pp. 2–3.

6.   Guy Tachard, *Voyage de Siam des Peres Jesuites envoyez par le Roy aux Indes et à la Chine* (Paris: chez Arnould Seneuze et Daniel Horthemels, 1686), p. 370.

7.   Dalechamps, *Histoire générale des plantes*, II, p. 580.

l'avis de Matthiole[8], que suit Dalechamps. Pierre Catelan ne s'embarrassera pas de ces subtilités. Il écrit, commençant son *Discours*:

> Il y a deux sortes de plantes, qui portent le nom et appellation de Mandragore; l'une qui est rare, et qui provient d'une production extraordinaire, naissant en lieux escartez de la société humaine. Et l'autre qui se trouve à la campagne, et qu'on cultive assez souvent dans les jardins et parterres, et qui est produite par la voye de semence en la mesme forme que les autres sortes de plantes. Qui pour avoir quelque petit rapport en la figure de leurs fueilles, et racines entr' elles, portent le nom et l'appellation pareille.

La première provient « du sperme des hommes pendus és gibets, ou escrasez sous les roues ». Quant à sa racine, elle est assimilable à la fameuse racine de Baara mentionnée par Flavius Josèphe[9].

Cette assimilation se fonde sur le rapprochement proposé par Matthiole et repris par Dalechamps, mais qui, selon ces deux botanistes, n'était qu'un rapprochement, assurément indu. De fait, ils ne sont pas loin de penser que certaines des nombreuses légendes qui entourent la mandragore (ou, pour l'appeler de son nom populaire, la maindegloire) ont pu être inspirées par la relation de Flavius Josèphe. Selon Matthiole:

> Au reste ce ne sont que fables, ce qu'on dit que les Mandragores ont leurs racines faites à mode d'une personne comme ces bonnes vieilles pensent. Ausquelles aussi on a donné d'entendre qu'on ne les peut tirer qu'avec grand danger de la vie: et qu'il convient attacher un chien aux dites racines, pour les arracher, s'estouppans de cire ou de poix les oreilles, de peur d'ouyr le cry de la racine, qui feroit mourir ceux qui fouyroyent, si d'aventure ilz ouyoyent ledit cry.

Et plus loin:

> Or pour retourner à nostre fabuleuse maniere de tirer et arracher les Mandegloires, avec un chien attaché à la racine: il me semble qu'elle a esté prinse et empruntée de Josephe: lequel, parlant d'une autre sorte de racine, a donné occasion à ces trompeurs de destourner ceste ceremonie sur leurs Mandegloires.

Relisons donc le récit de Flavius Josèphe, tel que l'a traduit Claude Duret, qui approuve pleinement les observations de Matthiole:

> Josephe parle ainsi livre 7. chap. 25. de la guerre des Juifs: En la valée qui environne la cité, du costé de Septentrion y a un lieu nommé Baaras, auquel croist une racine qui aussi est nommée Baaras, laquelle a une couleur comme de feu, estincellant sur le soir comme les rayons du Soleil; il est fort difficile de s'approcher

8.   *Les Commentaires de M. Pierre André Mattioli medecin senoys sur les six livres des Simples de Pedacius Dioscoride Anazarbeen*, trad. par Antoine Du Pinet (Lyon: Veuve de Gabriel Cotier, 1566), pp. 353–4.

9.   Catelan, *Rare et curieux discours de la plante appellée mandragore*, pp. 1–2, 3 et 11–12.

et d'arracher ceste racine, car elle fuyt tousjours, sans s'arrester, jusques à ce qu'on luy puisse jetter dessus d'urine de femme, ou de son flus menstruel, et alors elle s'arreste: d'avantage si quelqu'un l'a touché, il est asseuré d'en mourir, sinon qu'il en portast ladite racine pendante en sa main: mais neantmoins on peut tirer ceste racine sans danger, en la maniere suivante: On la deschausse tout à l'entour, et n'en laisse-on qu'un bien peu dessouz terre; Puis ils attachent un chien à ladite racine, et l'ayant attaché, et que le maistre du chien s'en va, le chien le voulant suivre arrache aisément ladite racine; mais le chien meurt soudain, comme payant pour celuy qui la devoit arracher: dés ce temps-là il n'y a point de danger à la manier. Or tous les dangers ausquels on se met pour avoir ceste racine, ne sont que pour une seule vertu qu'elle a, qui est que en touchant seulement de ceste racine une personne possedée des mauvais esprits (qui sont les esprits des meschans gens, qui travaillent et font mourir ceux à qui on ne donne secours) soudain les patiens sont delivrés.[10]

Cette plante multiplie les traits admirables: elle luit comme une flamme; elle se dérobe à la prise; si l'on veut l'arracher, elle pousse un cri terrifiant; elle entraîne la mort du chien qui arrache sa racine; elle délivre les personnes affligées par les mauvais esprits. Or, comme l'explique Claude Duret, dans l'« Advertissement aux Lecteurs » de son livre, quand une chose « surpasse ce qui est ordinaire en nature », nous l'appelons « surnaturelle ou miraculeuse », mais « une chose est autant naturelle à Dieu tout grand et tout-puissant, comme une autre ». En voici la conséquence: « les Lecteurs benevoles » sont donc tenus « de croire aysément et facilement les descriptions des Plantes, et herbes esmerveillables » que Duret s'apprête à leur proposer. Or, parmi ces plantes qu'il décrit, la racine de Baara tient un bon rang puisqu'elle n'est précédée que « Du Maus ou Muse, autrement arbre de vie, du paradis terrestre ».

Duret ne manque pas de remarquer que Boaistuau fait mention de la racine de Baara[11]. Pour Boaistuau, rien n'est plus admirable. Lui qui, comme il le dit lui-même dans son « Advertissement au lecteur », est à l'affût de tout ce qui est « rare, estrange, admirable », a là de quoi le contenter. De fait, quand il présente son ouvrage, encore inachevé, à la reine d'Angleterre, son manuscrit comporte déjà un chapitre intitulé « Plante prodigieuse, descrite par Josephus, qui faisoit mourir celuy qui l'arrachoit », chapitre qui s'ouvre par ces mots:

Que Dioscoride celebre tant qu'il vouldra son Agnus castus! Que les modernes celebrent aussi leur Angelique! Que Theophraste mette jusques au ciel son herbe Indique, laquelle peut espuiser tout ce qu'il y a de semence en nature! Que les Scites aussi resonnent tant qu'ilz vouldront les louanges de leur plante, laquelle retenue en la bouche reprime la faim et la soif l'espace de dix jours! que Ælian aussi se desgorge

---

10. Claude Duret, *Histoire admirable des plantes et herbes esmerveillables et miraculeuses en nature: mesmes d'aucunes qui sont vrays Zoophytes, ou Plant'-animales, Plantes et Animaux tout ensemble, pour avoir vie vegetative, sensitive et animale* (Paris: Nicolas Buon, 1605), pp. 28–9. Traduction de Flavius Josèphe, *De bello Iudaico*, livre 7, 181–5.

11. Duret, *Histoire admirable des plantes et herbes*, p. 29.

sur la louange de l'herbe que la Hupe a enseigné qui produit les thresors cachéz! Que Pline face le semblable s'il veult de son herbe au pivert qui ouvre les conduitz fermez! Si est ce que toutes leurs plantes et herbes ne se peuvent egaller en dignité, ny en prodige à la racine de Baara, tant celebrée par Josephus autheur Hebrieu.[12]

Boaistuau énumère là quelques-unes des plantes merveilleuses dont traitera la version définitive des *Histoires prodigieuses*; mais la structure du chapitre, qui sera finalement l'un des plus longs du livre, restera celle qu'indique ce préambule; et il reviendra à la racine de Baara à la fois de l'ouvrir (sa cueillette fait l'objet d'une jolie illustration) et de le terminer: elle est la plus merveilleuse de toutes ces plantes; car, dit Boaistuau, « nous avons racompté cy dessus les vertus et essences de plusieurs plantes admirables, si est-ce qu'il n'y a rien qui se puisse égaller en dignité, en merveille, miracle ou prodige, à la racine de Baara ». Comment, d'autre part, douter de sa réalité puisqu'un tel récit « sort d'une boutique qui n'est point suspecte, et d'un autheur qui tient le premier lieu entre tous les historiens ecclesiastiques »? De toute façon, dès lors que le lecteur, ému par l'inépuisable richesse de la nature, est disposé à accepter tous les récits, à adhérer à toutes les descriptions, pourquoi douterait-il de la réalité de la racine de Baara? Comme le suggère Duret, ce serait douter de Dieu lui-même. Il suffit que l'auteur qui en témoigne soit digne de foi.

Par un raffinement qui concourt à aplanir les dernières réticences du lecteur, on peut même soumettre l'information à un examen critique. Le récollet Eugène Roger, « Missionnaire de Barbarie », qui publie en 1664 une relation de voyage en Terre Sainte, et qui a vu des racines de Baara, juge qu'il est possible de rendre raison de certaines de ses spécificités:

> Il y a quelques Naturalistes qui disent que cette plante *Baras* se nourrit d'une terre et humeur bitumineuse, qui fait que, lors qu'on l'arrache de terre, il sort de sa racine une si forte odeur de bitume, desagreable comme souphre, qu'elle suffoque celuy qui l'arrache. Voilà la cause naturelle qui fait qu'elle frappe de mort subite celuy qui la cueille, et cette mesme cause est celle qui la fait éclairer de nuit. Car cette matiere bitumineuse, qui participe de quelque nature de souphre, s'enflamme par l'anti-peristase de l'air froid qui est en cette haute montagne, contre laquelle cette plante voulant resister, l'humeur qui la nourrit, s'allume, et rend de la clarté jusques à ce que l'air, estant un peu éclaircy et temperé par les rayons du Soleil, fasse cesser cette flamme.[13]

---

12. P. Boaistuau, *Histoires prodigieuses*, éd. par S. Bamforth et J. Céard (Genève: Droz, 2010), p. 560. Le chapitre définitif (chap. 23) s'intitule: « Histoires memorables de plusieurs Plantes, avec les proprietez et vertuz d'icelles, ensemble de la prodigieuse racine de Baara, décrite par Josephus autheur Hebreu ». (L'édition de référence a omis de dresser une table des chapitres du livre.)

13. Eugène Roger, Recollect, Missionnaire de Barbarie, *La Terre Sainte, ou description topographique tres-particuliere des saints Lieux, et de la Terre de Promission* (Paris: Antoine Bertier, 1664), p. 477.

Ces explications n'entament pas tout à fait le mystère qui enveloppe les propriétés de la plante; d'une certaine façon, elle l'épaississent même, tant la science humaine est, au bout du compte, tenue de reconnaître ses limites. Parmi les naturalistes mentionnés par Eugène Roger, le plus connu est Cardan, qui n'a pas manqué de s'exercer à rendre compte de la racine de Baara; Boaistuau, qui s'en souvient, ne se retient pas de proclamer sa défaite:

> Hierosme Cardan medecin Milannoys, travaille (comme il a de coustume) à rechercher en nature la cause de ceste plante, et dit, qu'il ne trouve pas estrange qu'elle fist mourir celuy qui l'arrachoit [...]: puis se plongeant en un grand abisme de philosophie, il adjouste ce qui s'ensuyt: Baaran, dont ceste racine est dicte Baara, est une vallée en Judée, region treschaulde, et abondante en Bitumen, duquel Bitumen la portion trop cuitte et tressubtile distilloit des montaignes, de laquelle (comme il est vray-semblable) ceste racine estoit engendrée: et par-ce que ceste racine (peut estre) croissoit en l'ombre perpetuelle, le venin ne s'expiroit en rien, et estoit de substance chaulde comme feu, laquelle quand elle estoit arrachée, la vapeur ardente, et putride, receue au cerveau de celuy qui l'arrachoit, incontinent le faisoit mourir. Il adjouste encores quelques autres raisons de l'urine et du sang de la femme, par lequel la fureur de ceste racine estoit adoucie: mais pour dire la verité, combien que le bon homme face l'office d'un bon bracque, et qu'il trace, qu'il flaire et qu'il sente s'il pourra trouver le sentier et secret de ceste plante, si est-ce que je croy infalliblement que tous les philosophes du monde congregez ensemble n'en sauroient assigner autre raison, que celle du prophete, où il dict: Le Seigneur est esmerveillable en toutes ses œuvres: Qui est-ce qui a congneu ses secretz, ou qui a esté son conseiller?[14]

À une réflexion d'Isaïe, 40. 13, Boaistuau joint un verset de l'Épître aux Romains, 11. 34: les merveilles de Dieu échappent en grande part à l'intelligence humaine.

Mais leur réalité ne peut faire de doute. C'est un trait caractéristique de la littérature des merveilles que d'en dénoncer les contrefaçons pour mieux mettre en valeur les merveilles authentiques, mais aussi, d'une certaine façon, de condamner la ruse des trompeurs tout en soulignant leur ingéniosité. Traitant de la mandragore, Boaistuau n'y manque pas:

> Je vey dernierement, à la foire sainct Germain en ceste ville de Paris, une racine de Mandragore, qu'un Sophistiqueur avoit contrefaicte par art, qui avoit certaines racines si bien entassées l'une dedans l'autre, qu'elle representoit proprement la forme de l'homme, et asseuroit ce donneur de bons jours, que c'estoit la vraye Mandragore, et demandoit vingt escus de ceste racine.[15]

Matthiole détaille cette contrefaçon:

> Ces racines que ces trompeurs vendent, qui sont faites à mode du corps de la personne, et lesquelles ilz maintiennent estre singulieres pour faire avoir d'enfants

---

14. Boaistuau, *Histoires prodigieuses*, pp. 461–562.
15. Ibid., p. 548.

aux femmes steriles, sont artificielles: et sont faites de racines de Roseaux, de Coleuvree, et de plusieurs autres racines semblables. Car ilz entaillent et gravent lesdites racines, pour leur donner forme humaine: et és lieux, où il faut qu'il y ait du poil, ilz y fichent et plantent des grains d'Orge, ou de Millet. Puis les ayans enterrees, ilz couvrent ces racines de sable, et les laissent enterrees jusques à ce que l'Orge ou le Millet ait pris racine, ce qui se fait en moins de trois semaines. Puis ilz deterrent lesdites racines: et coppent avec un trenche-plume bien trenchant et bien pointu, les racines que ces grains ont jettees: et les accoustrent de sorte qu'elles sont faites et coppees à mode de cheveux et de barbe.[16]

Catelan reprend en substance ces propos[17].

Pour revenir à la racine de Baara, le récit de Flavius Josèphe n'en signale pas toutes les merveilles. Le récollet Eugène Roger lui consacre des pages qui en renouvellent la connaissance. Il est allé « voir cette merveille de Nature [...] en la compagnie de Monseigneur l'Illustrissime Hanna de S. Elisée, avec le Curé d'Aboucheray, et un honneste homme nommé Abou Caram, tous Maronites du Mont-Liban ». Sur l'aptitude de la plante à luire comme le feu, Eugène Roger apporte des détails inédits:

> Aussi-tost que la nuit fut venue, cette plante commença à s'enflammer, et à rendre de la clarté comme un petit phanal: ce qui fit que nous en cueillismes trois feuilles de trois diverses plantes, que nous envelopasmes chacune dans un mouchoir: car à mesme temps qu'elles sont détachées de la plante, elles ne rendent plus de lumiere. Puis on entoura trois de ces plantes, avec les fesses de leurs Turbans, à dessein d'arracher le matin cette plante, avec les ceremonies et circonstances necessaires pour cet effet. Mais prodige merveilleux: comme le jour commençoit à poindre, cette lumiere ne parut plus à nos yeux, et l'herbe devint invisible; les feuilles mesme qu'on avoit enveloppées dans les mouchoirs ne s'y trouverent plus.[18]

Notre voyageur n'aura donc pas l'occasion, au matin, d'arracher la plante selon « les ceremonies et circonstances necessaires pour cet effet ». Qu'importe? La curiosité du lecteur se trouve éveillée, sans être satisfaite, par cette confidence: « Quoy que je sçache fort-bien deux moyens pour cueillir cette plante sans courir peril de mort, je ne veux point les dire, n'estant pas à propos de les divulguer. » Comme dira le poète, « toute chose sacrée, et qui veut demeurer sacrée, s'enveloppe de mystère ».

Extraordinaire, en effet, cette plante, qui, aux dires de Flavius Josèphe, est capable de délivrer les possédés. Il est vrai que la chose est, en bonne orthodoxie, difficile à accepter. Pierre Le Loyer répugne à admettre qu'une plante puisse avoir « aucune force contre les Diables, quelque chose qu'en disse Josephe, qui en cecy, comme en beaucoup de choses, s'est laissé aller à la creance legere, et simplicité

---

16. Matthiole, *Les Commentaires*, p. 353.
17. Catelan, *Rare et curieux discours de la plante appellée mandragore*, pp. 13–14.
18. Roger, *La Terre Sainte*, pp. 476–7.

Judaïque »[19]. Des doutes encore plus graves, puisqu'ils visent, non seulement la vertu de la racine de Baara, mais aussi sa cueillette, sont émis par Sébastien Münster, qui, dans sa *Cosmographie*, décrivant la Judée, fait figurer en bonne place la racine de Baara, mais ajoute ce commentaire:

> [Flavius Josèphe] compte toutes ces choses de cette racine, ce que je n'ose rejecter pour l'autorité de l'auteur, ny l'approuver, me semblant la chose par trop suspecte, qu'une simple herbe feit de si grands effets, et qu'il fallut user d'une si sotte ceremonie, ou plustost superstition à l'arracher [...]. Au reste Josephe peut attribuer force à son Baaras de chasser les esprits qu'il dit des corps des vivants, adjoustant que ce sont ceux des hommes qui ont vescu meschamment en ce monde: car c'est un mensonge et erreur manifeste, comme ainsi soit que les ames des malheureux n'ont point un tel office, ains ce sont les mauvais Anges qui (quand il plaist à Dieu) affligent ainsi les hommes.[20]

Mais ces doutes n'empêchent pas la racine de Baara, comme sa parente, la mandragore, d'avoir des accointances avec le diable, et les lecteurs avides de ce fantastique diabolique qui se développe à la fin de la Renaissance y trouvent leur compte. Catelan, qui, on l'a vu, assimile les deux plantes, indique un autre moyen de l'arracher, qui la diabolise:

> Les gens du païs où les Mandragores naissent, asseurent qu'autres ne peuvent arracher ces racines, que certaines races de femmes volantes, qui en effet sont des sorcieres, dont le païs abonde, et ce de nuict, suyvant la clairté du jour et de la lumiere, qu'icelles dites sorcieres debitent par apres, mais secretement, de peur d'estre chastiées par Justice, comme il advint en l'an 1630. en la ville de Hamburg en Allemagne, au recit que m'en a fait le Sieur Schleger, tres docte Medecin de la ville, là où le Senat fit fouetter trois femmes qui faisoient ce negoce.[21]

De fait, ces racines passent pour avoir de puissantes vertus: ainsi, outre qu'elles aident à la fécondité des femmes, elles excitent à l'amour, soutient Catelan, après bien d'autres; elles procurent « la valeur et la prudence de vaincre les ennemis en guerre, et de fait, la pucelle d'Orleans fut accusée d'avoir si longuement tourmenté les Anglois par la force et vertu magique d'une Mandragore »[22]. Elles font encore acquérir ou conserver la richesse. Eugène Roger relate cette preuve éclatante du pouvoir de certaines plantes:

> L'an 1646. estant dans le Royaume de Fez, je fis connoissance et amitié avec un Maure nommé Hamet Hyiouel, qui me fit parler à un autre Maure, qui me protesta

---

19. Pierre Le Loyer, *IV Livres des Spectres* (Angers: Pour Georges Nepveu, 1586), II, p. 310.

20. Sébastien Münster, *Cosmographie universelle*, trad. par Belleforest (Paris: Nicolas Chesneau 1575), II, col. 1002–3.

21. Catelan, *Rare et curieux discours de la plante appellée mandragore*, pp. 12–13.

22. Ibid., p. 19.

sur tout ce qu'il tenoit de plus auguste, que l'année precedente passant par le cimetiere de la ville de Salé, il cueillit une herbe qui avoit la fleur jaune, que sans y penser il la porta à sa bouche où il tenoit une blanquille, c'est une piece d'argent qui vaut deux sols: ne prenant pas garde à ce qu'il faisoit, il maschoit cette fleur avec cette piece; quelque temps apres il trouva cette piece d'argent changee en or, il la porta montrer à un Orphevre tres honneste homme, lequel m'a asseuré que la piece estoit de bon or.[23]

C'est certes le temps où l'on rêve intensément de la transmutation des métaux. Mais c'est aussi celui où les discours démonologiques versent de plus en plus dans les divagations. Catelan assure que les pouvoirs qu'on prête à certaines plantes, comme celui de provoquer un amour fou, ne sauraient relever de la botanique:

Ce seroit une absurdité trop grossiere de se l'imaginer et le croire, car c'est de même que le malin esprit se fourre, et qu'il possede le corps d'un demoniacle, au travers duquel il fait et produit des effets, et des operations effroyables, et contre nature; autrement il seroit impossible qu'une racine entendist, jugeast, et fist responce d'elle mesme aux requisitions et demandes qui luy sont faites [. . .]. Non, il faut raporter tous ces effets au Demon.[24]

Ajoutons que ceux qui contrefont ces « merveilles de Nature », ne se contentent pas de tromper les acheteurs, mais aident aussi le diable à méfaire; car, dit encore Catelan, faire de fallacieuses promesses est une

procedure que le malin esprit peut aussi bien tenir avec les Mandragores fausses et contrefaites comme avec les naturelles et legitimes, n'important du tout point au Demon, de se fourrer dans toutes sortes de matieres, pourveu qu'il luy apparoisse que celuy duquel il recherche la perte et la ruine s'y confie. Voilà pourquoy les artificielles et contrefaites [. . .] produisent des effects par le ministere des Demons tous semblables.[25]

Si ces plantes ont aujourd'hui perdu les vertus que l'ancienne pharmacopée et la démonologie leur attribuaient, elles gardent de ce passé un prestige lié aux récits qui les mentionnent. La racine de Baara pousse en Judée. Quant à la mandragore, si Dom Calmet la mentionne dans son *Dictionnaire de la Bible*, c'est qu'elle est sans doute mentionnée dans la Genèse et dans le Cantique des Cantiques. Voici comment Dom Calmet expose la question:

Moïse raconte [Genèse 30. 14] que Ruben, fils de Lia, étant un jour allé dans les champs, y trouva des mandragores qu'il rapporta à sa mère. Rachel en eut envie, et les demanda à Lia, qui les lui accorda, à condition que Jacob demeurerait avec elle

---

23. Roger, *La Terre Sainte*, p. 478.

24. Catelan, *Rare et curieux discours de la plante appellée mandragore*, pp. 22–3.

25. Ibid., p. 26.

la nuit suivante. Le terme *dudaïm,* dont Moïse s'est servi, est un de ceux dont les Hébreux ignorent aujourd'hui la propre signification. [...] Il paraît par l'Ecriture que les *dudaïm* sont une espèce de fruit connu dans la Mésopotamie et dans la Judée [Cantique 7. 13], qui mûrit vers la moisson du froment, qui a une odeur agréable, qui se conserve, qui se met avec la grenade [Cantique 6. 10, et 7. 12–13]. Les partisans de la traduction qui lit *mandragores* se fondent sur ces raisons: Rachel ayant une très-grande envie d'avoir des enfants, on a lieu de présumer qu'elle ne désira les mandragores de Lia que dans cette vue-là.

Les *dudaïm* de l'Écriture n'ont cessé de solliciter la sagacité des exégètes, qui, peu satisfaits de les tenir simplement pour des mandragores, plantes très vireuses, ont voulu y voir des melons jaunes d'odeur suave ou encore des orchidées. Le *Dictionnaire des sciences médicales,* à l'article « Philtre », consacre au *dudaïm* trois pages propres à éveiller l'imagination[26].

On comprend, dans ces conditions, que, même dépouillées des vertus qui leur étaient attachées, ces plantes aient continué à avoir une fortune littéraire. Les spécialistes de Flaubert savent sans doute d'où l'auteur tient les informations qu'il consigne dans *La Tentation de saint Antoine*: en tout cas, dans la version de 1874, à la fin, les Bêtes de la mer invitent le saint à un voyage dans les pays de l'Océan, où

> toutes sortes de plantes s'étendent en rameaux, se tordent en vrilles, s'allongent en pointes, s'arrondissent en éventail. Des courges ont l'air de seins, des lianes s'enlacent comme des serpents. Les dedaïms de Babylone, qui sont des arbres, ont pour fruits des têtes humaines; des mandragores chantent, la racine baaras court dans l'herbe.[27]

Ces dedaïms seraient-ils un avatar des dudaïm de la Genèse? Un ami de Lovecraft, Clark Ashton Smith, fait pousser dans le jardin du roi Adompha, objet d'une nouvelle publiée en 1938, « une plante connue sous le nom de dedaim, au tronc bulbeux, pulpeux, vert blanchâtre, du centre duquel sortaient et rayonnaient en foule des rameaux reptiliens sans feuille »[28].

26. *Dictionnaire des sciences médicales,* 58 vols (Paris: Panckoucke, 1812–220), XLI (1820), pp. 318–20. Article dû à Louis-Joseph Virey.

27. G. Flaubert, *La Tentation de saint Antoine,* 2ᵉ éd. (Paris: Charpentier et Cⁱᵉ, 1874), p. 294.

28. Clark Ashton Smith, *The Garden of Adompha,* in *Weird Tales* 31, nᵒ 6 (juin 1938): « a plant known as the dedaim, with a bulbous, pulpy, whitishgreen bole from whose centre rose and radiated several leafless reptilian boughs ».

Nottingham French Studies 56.3 (2017): 272–284
DOI: 10.3366/nfs.2017.0190
© University of Nottingham
www.euppublishing.com/nfs

UN LECTEUR DE PIERRE BOAISTUAU, L'APOTHICAIRE NICOLAS HOUEL

MARIE MADELEINE FONTAINE

« Du *Chelidonius* aux *Histoires prodigieuses*, l'œuvre de Boaistuau représente dans un sens un immense effort de recyclage » dit avec raison Stephen Bamforth[1]. Nicolas Houel, une « personnalité fascinante d'amateur et d'ordonnateur de travaux artistiques auprès de Catherine de Médicis, apothicaire et philanthrope également, qui avait fondé l'hôpital de la Charité »[2], ne fait rien d'autre lui-même dans son manuscrit de *L'Histoire de la Royne Arthemise*[3], d'autant qu'il en a donné fort honnêtement les sources où figurent précisément « Pierre Boisteau » et « Chelidonius ».

Lorsqu'on est curieux des œuvres de la Renaissance et de la lecture qu'en firent leurs contemporains, on éprouve toujours une certaine joie à découvrir l'un de ces lecteurs, en espérant qu'il nous permettra de mieux comprendre la nature

---

1. Stephen Bamforth, Introduction, in P. Boaistuau, *Histoires prodigieuses (édition de 1561)*, éd. par S. Bamforth et annoté par J. Céard (Genève: Droz, 2010), citant à ce propos, p. 14, note 19, l'article de H. Tudor, « L'Institution des Princes chrestiens: A Note on Boaistuau and Clichtove », *Bibliothèque d'humanisme et Renaissance*, 45:1 (1983), 103–6. L'ouvrage de Josse Clichtove en question est le *De regis officio opusculum* (Paris, H. Estienne, 1519). Nous maintiendrons ici l'orthographe *Clichtove*, devenue récemment *Clicthove* dans les catalogues de bibliothèques.

2. Cette belle définition de Nicolas Houel est due à François Avril, in *L'Art du manuscrit de la Renaissance en France*, Exposition du Musée Condé de Chantilly, organisée par E. Poulet, C. Scalliérez et P. Stirnemann, n° 15: *La Suite des euvres poetiques de Vatel*, Ms. 532 (XIV H 10), Paris, 1574, notices de H. Zerner et F. Avril, pp. 70–2; F. Avril attribue au calligraphe Guillaume Le Gangneur « trois mss. et un album commandés par N. Houel, qui témoignent encore de l'importance que Houel accordait à sa fondation » [la Maison de la Charité Chrestienne]: Cracovie Bibl. Szartorysky: Ms. 3092 (il ne reste qu'un fac-similé antérieur à la destruction de ce manuscrit); Paris, Bibliothèque nationale de France: Ms. fr. 5726; N. a. fr. 19737, et Est. Rés. Pd 30. Outre ces manuscrits, nous aurons à citer les manuscrits BnF, Ms. fr. 306, Est. Ad 105 ct Est. Rés. Pd 29.

3. Nicolas Houel, *L'Histoire de la Royne Arthemise de l'invention de Nicolas Houël* (BnF, Ms. fr. 306). On peut considérer que ce manuscrit, qui précède la série des dessins du manuscrit BnF, Est. Ad 105, fut écrit en plusieurs temps, entre 1562 et 1566; voir I. de Conihout et P. Ract-Madoux, « Veuves, Pénitents et tombeaux », in *Les Funérailles à la Renaissance*, dir. par J. Balsamo (Genève: Droz, 2002), pp. 225–47 (pp. 235–6 et pl. IV); corrigeant sur des datations Valérie Auclair, « De l'exemple antique à la chronique contemporaine, *L'Histoire de la Royne Arthemise de l'invention de Nicolas Houel* », *Journal de la Renaissance*, 1 (2000), 155–88.

de l'intérêt qu'on portait alors à l'auteur et à son œuvre. Or, en offrant cette *Histoire d'Artémise* à Catherine de Médicis, à laquelle Nicolas Houel fut tout dévoué jusqu'à sa propre mort[4], l'apothicaire de la reine ne fut pas avare d'indications sur les ouvrages qui lui permirent d'en faire ce miroir de la vie de la reine de France[5]. Il vaut donc la peine de reproduire ici les sources qu'il revendiquait dans ce manuscrit, car elles n'ont pas encore été suffisamment exploitées.

Noms des Autheurs dont ceste Histoire a esté recueillie, mis par ordre alphabetique[6]

A. – Aristote | Aristophane | Aulugel | Appian Alexand. | Amian Marcellin | Anthoine du Pinet |~~Andre Thevet~~[7].

B. – Berose | Budee | Belon | Bocace[8] | *Bapt. egnace[9].

C. – Cæsar | Columelle | Ciceron | Cornele Celse | Cornele tacite | Capitolin | Claudian | Cassiodore | **Chelidonius** | **Cardan | *Charles estienne[10].

D. – Denis de Hallicarnasse | Diodore sicule | *Decade des empereurs Romains*[11].

---

4. Didier Kahn le décrit très justement comme un « vétéran de la cour » (« Paracelsisme et alchimie sous le règne de Henri III », dans I. de Conihout, J.-Fr. Maillard et G. Poirier, *Henri III mécène des arts, des sciences et des lettres* (Paris: Presses Universitaires de Paris-Sorbonne, 2006), pp. 92–103 (pp. 99–100)).

5. Sur les références et relations de N. Houel-écrivain (Paracelse, E. Pasquier, G. Genebrard, Trithemius, etc.) voir surtout l'important article de D. Kahn, « Paracelsisme et alchimie », p. 99, note 38 et p. 101. Cf. aussi les indications de Valérie Auclair, « Un logis pour l'âme des rois. Nicolas Houel (*ca.* 1520–*ca.* 1587) et les dessins de procession à la maison de la Charité chrétienne pour la famille royale », in I. de Conihout et al., *Henri III mécène*, pp. 40–54 (p. 40, notes 1 et 2).

6. Sources données dans le manuscrit BnF, Ms. fr. 306, fols 10[r]–11[r]. Par économie, nous en modifions la présentation élégante (colonnes précédées de la lettre de l'alphabet). La quasi-totalité des œuvres que revendique Nicolas Houel – imprimés et manuscrits – comporte une liste de ses références bibliographiques, plus ou moins proches des sujets qu'il aborde successivement, y compris médecine et « apothicairerie ». La plupart des graphies de ses auteurs ne pose généralement pas de problème d'identification.

7. Ce nom est barré dans le manuscrit, mais on lit bien *André* et, moins lisible, *Thevet*.

8. Boccace, *De claris mulieribus* (trad. fr. par Denis Sauvage, 1551?), essentiel pour la transmission médiévale de l'histoire d'Artémise.

9. Même francisation en 1586 chez Houel sous la forme *Bapt. Egnace* du nom du grand humaniste italien Baptista (ou Gian Battista) Egnazio.

10. En 1586, il ne cite sous son nom que l'*Histoire de Flandres et de Lorraine*.

11. Le titre nous semble désigner ici, non Suétone, cité plus loin, mais l'important ouvrage d'Antonio Guevara qui utilise Hérodien, également cité ici, dans sa traduction française: *Decade contenant les vies des empereurs Trajanus, Adrianus* [etc.] *extraictes de plusieurs auteurs grecs, latins et espagnols, et mises en françois par Antoine Allegre* (Paris: Vascosan, 1556 et 1567). « Guevare » est aussi cité plus loin; Allègre est un gentilhomme au service de Catherine de Médicis, à laquelle il a dédié cette traduction. Voir notre article « Funerary Inventions and Mysteries in Treatises on Ancient Funerals in

E. – *Eneide* | Elian | Egesippe[12].

F. – Fulgence | Francoys de Billon.

G. – Guevare | George Valle | George de Selve.

H. – Hesiode | Homere | Horace | Herodian[13] | Herodote.

I [-J]. – Josephe | Juvenal | Justin | Isiodore[14] | Joachim du Bellay.

L. – Lactance | Levin Lemnin Medecin[15] | Leon batiste Albert | *Les Illustrations de Gaule* | *Le supplement des chroniques* | *Les ~~Chroniques~~ de France*[16] | *Le Promptuaire de Medailles* | Lucain.

M. – Martial | Macrobe.

N. – Nicandre[17].

O. – Ovide | Orose.

P. – Platon | Pline | Plutarque | Poete Lucrece | Platine | Polibe | Polydore Virgile | Pierre Messie | *Paul Emile | **Pierre Boisteau** | Phenester[18] | Pierre de Ronsard.

Q. – Quinte Curse.

R. – Robert Volateran[19].

S. – Strabo | Saluste | Suetone.

Sixteenth-Century France », dans « *Piteux triomphes* »*: Princes' Funerals in Europe 1400–1700*, dir. par Monique Chatenet, Murielle Gaude-Ferragu et Gérard Sabatier, European Festival Studies, 1400–1700 (Londres: Routledge, à paraître). L'*Histoire d'Herodian*, déjà traduite par Jean Colin en 1541, l'est de nouveau en 1554 de façon splendide par Jacques de Vintimille, préfacé par P. de Tyard (Lyon, G. Roville); voir notre article « L'Entourage lyonnais de P. de Tyard », in *Pontus de Tyard, poète, philosophe, théologien*, dir. par Sylviane Bokdam (Paris: Champion, 2003), pp. 29–40.

12. Hégésippe: sans doute l'*Histoire* et la *Guerre Judaïque* de Flavius Josèphe (nommé par ailleurs) avec les annotations d'« Egésippe » dans la trad. fr. de 1549 à laquelle a collaboré Belleforest (exemplaire de la Sorbonne).

13. On trouve aussi un *Herodianus historicus* dans la bibliothèque de J. Le Féron, peut-être l'édition parisienne de Jean Colin, 1541, ou l'édition latine parisienne de 1544 (voir notes 11, 22 et 47 pour son intérêt dans le cas du Mausolée de Henri II voulu par Catherine de Médicis-nouvelle Artémise).

14. Isidore de Séville.

15. Le médecin Levinus Lemnius (1505–68), auteur, entre autres, des *Occultes merveilles*, a eu deux traducteurs français, A. Du Pinet en 1566 et J. Gohory en 1567, qui l'appellent tous deux Levin Lemnin comme Houel; il semble donc le lire en français, ce qui date cette page du manuscrit au plus tôt de 1566. A. du Pinet apparaît bien encore dans cette liste, mais on ne sait si c'est pour cette traduction ou plutôt celle de Pline (1562), cité également ici.

16. Sans doute Froissart.

17. Le traducteur français de Nicandre (en vers), Jacques Grévin, est cité par Houel parmi ses livres dans le *Traité de la thériaque et mithridat* de 1573. Voir, sur la position de Grévin par rapport aux alchimistes et aux paracelsiens, D. Kahn, *Alchimie et paracelsisme en France (1567–1625)* (Genève: Droz, 2007), pp. 171–89 et passim.

18. *Phenester*: peut-être pour L. Fenestella, alias Andrea Domenico Fiocco, sur les magistrats et prêtres romains (Paris: R. Estienne, 1549); cf. exemplaire de la Sorbonne.

19. Erreur sur le prénom de *Raffaele* Maffei, dit Volaterranus.

T. – Tucidide | Theophraste.
V. – Varro | Vitruve[20] | Virgille | Valere le grand[21] | Vegece.
X. – Xenophon.

On voit que le même ouvrage a pu être cité à la fois à son titre, au patronyme de l'auteur, et/ou à celui du traducteur comme on le faisait couramment dans les inventaires après décès[22]. Les ouvrages cités dans l'ensemble des œuvres de Houel semblent bien renvoyer à sa bibliothèque personnelle, dont l'état le plus complet apparaîtrait en 1586 avant sa mort (*ca.* 1587) dans les *Mémoires et recherches de La Devotion, Pieté, et Charité des illustres Roynes de France*[23]. Plusieurs de ces ouvrages sont évidemment cités dans les listes des ouvrages intermédiaires entre les années 1560 et 1586, confirmant l'impression qu'il s'agit bien de sa propre bibliothèque. Il était en effet assez riche pour ajouter aux dépenses somptueuses de ses commandes à des artistes[24], celles d'achats chez les libraires. Une fois reconstituée, sa bibliothèque pourrait ressembler à celles d'autres notables parisiens aisés comme Nicole Gilles en 1499 ou Jean Le Féron en 1547[25], ou celles qu'ont révélées Bernard Guenée, Madeleine Jurgens ou

---

20. Vitruve (II, 8) est essentiel pour le fondement de l'histoire d'Artémise et du roi Mausole (voir note 11).

21. C'est le nom que l'on donne alors à Valère Maxime.

22. Ce sont, dans ce manuscrit BnF, Ms. fr. 306, les cas vraisemblables suivants: Du Pinet à la fois pour Lemnius et Pline; Pierre Boisteau pour Chelidonius; Guevare à la fois pour Herodian et la *Decade des empereurs Romains*; Egésippe pour Josèphe; Lemaire de Belges pour *Les Illustrations de Gaule*; Charles Estienne pour l'*Histoire de Flandres et de Lorraine*.

23. Nous avons indiqué par l'astérisque, dans la liste du manuscrit BnF MS fr. 306, les ouvrages que N. Houel cite encore dans sa bibliographie en tête de son dernier imprimé, *Mémoires et recherches de La Devotion, Pieté, et Charité des illustres Roynes de France*; exemplaire consulté: Arsenal 8-H-12944 (Paris: Jamet Mettayer, Imprimeur du Roy, 1586), avec privilège du 15 janvier 1586, énumérant soixante-quatre auteurs, fols ê3–4ᵛ.

24. Pour toutes les commandes passées par Houel à des artistes au cours de sa vie, voir la bibliographie sur Antoine Caron, et les documents découverts dans le Minutier central: outre ceux qui ont déjà été publiés par Madeleine Connat-Jurgens, notamment dans « Documents du Minutier central: Ronsard et ses amis », *Bibliothèque d'humanisme et Renaissance*, 18 (1950), 98–113, et Catherine Grodecki, voir Guy-Michel Leproux, *La Peinture à Paris sous le règne de François Iᵉʳ* (Paris: Presses de l'Université Paris-Sorbonne, 2001), pp. 30, 34, 159 et 168; Mariane Grivel, G.-M. Leproux et A. Nassieu Maupas, *Baptiste Pellerin et l'art parisien de la Renaissance*, préface de Henri Zerner (Rennes: Presses Universitaires de Rennes, 2014), passim, notamment pp. 33, 91 (note 42), 135, 166, 220, 225 et 233.

25. Publiées par R. Doucet, *Les Bibliothèques parisiennes au XVIᵉ siècle* (Paris: Picart, 1956).

Catherine Grodecki: elles pullulaient toutes en auteurs antiques, chroniques
médiévales ou récentes, cosmographies et ouvrages de piété, quelle que fût la
spécialité que pouvait ajouter le propriétaire, comme la médecine et la pharmacie
dans le cas de Houel, ou le droit chez d'autres.

Si l'on recherche les références à Artémise dans l'ensemble des textes de
Boaistuau autres que le *Chelidonius*, on n'en trouvera qu'une: la reine de Carie
figure dans les « Amours prodigieuses » en 1561[26] où l'histoire d'Artémise est
prise de Valère Maxime, l'une des sources majeures antiques, citée également par
Houel, et l'on peut penser en effet que dans les années de composition de
L'histoire de la Royne Arthemise (1563–66?), Boaistuau devait être assez connu à
la cour de Catherine de Médicis à son retour du voyage d'Angleterre: le manuscrit
somptueux des *Histoires prodigieuses*, d'abord réalisé à Paris, qu'il avait apporté
et offert à la reine Elisabeth lors d'une entrevue, ses rencontres avec des membres
de l'aristocratie anglaise ainsi que d'autres éléments que Stephen Bamforth a
maintenant bien éclaircis, avaient dû faire une certaine publicité à l'auteur et
donner l'envie de le rencontrer à ceux qui fréquentaient la cour de France, car les
deux cours ont été tout au long de ce seizième siècle, et notamment à ces dates-là,
très soucieuses l'une de l'autre. Catherine de Médicis a pu être curieuse de
l'auteur, et Houel en avoir connaissance. C'est ainsi que Boaistuau doit figurer
dans la liste des ouvrages de *L'Histoire de la Royne Arthemise*, d'autant qu'il était
alors parisien[27].

Je crois que Nicolas Houel connaissait très bien Boaistuau et avait de bien
meilleures raisons de le faire figurer dans son *Histoire d'Artémise* comme auteur
du *Chelidonius* plutôt que des *Histoires prodigieuses*, et sans faire pour cela de
Chelidonius Tigurinus un dénommé « Hirondelle » à la grecque, qui se serait
installé à Zurich. Je ne sais pas plus que H. Tudor qui a fabriqué ce faux très
probable, dans l'entourage du duc de Nevers ou ailleurs. Mais les œuvres de
Clichtove étaient trop répandues, notamment ce *De regis officio* et le brillant
exposé de la liturgie catholique, *Elucidatorum ecclesiaticum*, utilisé partout
pendant longtemps, malgré les critiques partielles, mais importantes, faites à

---

26. *Histoires prodigieuses*, chap. XXI, « Amours prodigieuses », pp. 532–3, racontée d'après
    Valère Maxime, l'une des sources antiques importantes de l'histoire d'Artémise, citée
    aussi par Houel; on peut y ajouter la fleur « Artémisia » nommée ainsi par la reine de
    Carie (chap. XXIII, « Plantes... », ibid., p. 541 et note 394).

27. Michel Simonin, « Notes sur P. Boaistuau », *Bibliothèque d'humanisme et Renaissance*,
    38 (1976), 323–33, repris avec quelques modifications dans *L'Encre et la lumière*
    (Genève: Droz, 2004), pp. 3–14 (p. 14), signale que pendant ses dernières années, d'après
    le testament passé par Boaistuau le 4 juillet 1566, juste avant sa mort, Boaistuau habitait
    le faubourg hors la porte Saint-Victor. Par ailleurs, les textes de Boaistuau, comme ses
    longues maladies, supposent la fréquentation des apothicaires: il savait en tout cas ce
    qu'est un contrepoison, ou « mitridat »...

Clichtove par ses premiers amis[28]. Il est impossible qu'il n'y ait pas eu d'attaques contre le plagiat de Boaistuau dès la lecture du *Chelidonius* de 1556. Le résultat en est très visible à la reprise en main du *Chelidonius* par l'entourage du cardinal de Lorraine, en l'occurrence son secrétaire Nicolas Breton, lui-même prieur de Saint-Sidroine, dépendant de la grande abbaye de La Charité-sur-Loire: l'agacement de Boaistuau est visible dans l'« Advertissement au Lecteur » tel qu'il apparaît en 1559[29] et sera toujours reproduit par la suite.

Quant aux « trois », ou quatre, « parties » nouvelles justifiées, selon le translateur, par les manquements de Clichtove sur « paix et guerre », « critique de Mahomet », « critique des flatteurs », et « mariage chrétien », ils seront ensuite annoncés systématiquement dans le titre[30]. Ces reproches adressés à Clichtove étaient pourtant de mauvaise foi, car le *De regis officio* attaquait bien les flatteurs (chap. XII), traitait de l'incontinence des princes (chap. XVIII) et de la nécessité pour le roi de l'*amicitia et pax* (chap. XVI)[31]. Mais il est bien exact que Clichtove n'a pas écrit de chapitre sur le mariage chrétien, tandis que le chap. XIII du *Chelidonius* suit Erasme et surtout le traité de Vivés sur le mariage chrétien, alors

---

28. Voir A. Renaudet, *Préréforme et humanisme à Paris (1494–1517)* (Paris: Librairie d'Argence, 1953) et surtout J.-P. Massaut, *Josse Clichtove, l'humanisme et la réforme du clergé*, 2 vols (Paris: Les Belles Lettres, 1968), et *Critique et tradition à la veille de la Réforme en France* (Paris: Vrin, 1974), qui traite largement des contestations de Clichtove, tout en montrant la longue survivance de ce manuel liturgique dans la pratique catholique.

29. Exemplaire de l'Arsenal 8°-S-3875, Paris, Vincent Sertenas, 1559 (sur Gallica), dédié en page de titre à Nicolas Breton. En 1559, cette épître d'assez mauvaise foi – « Advertissement au Lecteur » – figure aux sign. â1-â2^v sur un cahier rajouté in extremis après deux cahiers additionnels – sign. a et A – comprenant les autres pièces liminaires et la table des matières; elle est ensuite reproduite sans aucune variante, sinon de place, dans toutes les éditions consultées, de 1567 à 1578, mais plus logiquement avant la table des matières et le Prologue, sans parler de la valse des pièces en vers.

30. Boaistuau, *L'Histoire de Chelidonius Tigurinus sur l'institution des Princes chrestiens des Royaumes. Traduit de Latin en Francoys par Pierre Bouaistuau, natif de Bretaigne des parties de Nantes. Avec un traité de paix et de guerre, et un autre de l'excellence et dignité de mariage. Ensemble une autre histoire de la fausse religion de Mahomet, Et par quel moyen il a seduit tant de peuple, lesquelz sont de l'invention du translateur.*

31. Clichtove avait écrit un *De pace et bello opusculum* (Paris: S. de Colines, 1523) qui est un véritable pamphlet contre les massacres des guerres civiles et des conflits entre princes chrétiens, inspiré des *Sylves* du Mantouan (Baptista Mantuanus); il a été pénétré de la nécessité de lutter contre les Turcs, tandis que Boaistuau s'attaque à Mahomet (*Chelidonius*, édition citée note 29, fols 62^v–65^v). Voir le relevé précis de H. Tudor des chapitres de Clichtove conservés par Boaistuau, et son analyse des suppressions opérées dans les vingt chapitres de Clichtove, réduits à dix et partiellement déplacés par le « translateur » (« L'Institution des Princes chrestiens »).

traduit trois fois en français[32]. De façon générale, Boaistuau reprend toutes les références marginales, toujours économiques, de Clichtove (y compris les auteurs auxquels il tenait, comme saint Ambroise et Denys l'Aréopagite, pourtant contestés par les réformateurs)[33]. Le *De regis officio* de Clichtove – et donc le *Chelidonius*! – sont des ouvrages d'édification morale[34], qui préparent le roi à lutter contre les hérétiques, en chrétien aussi vertueux et fidèle à l'Eglise que saint Louis[35], roi de France, et s'il se bat, ce ne peut être que contre les hérétiques, notamment les Turcs.

Clichtove avait de bonnes raisons de le faire, car le *De regis officio* n'a pas été écrit pour un roi français, mais à l'intention du jeune roi de Bohême et Hongrie, Louis II, à la demande du puissant évêque de Györ, le prélat humaniste hongrois Gosztonyi de Zelesth, si profondément et quotidiennement lié à Clichtove pendant son séjour parisien de 1514–15, et avec lequel il a continué à correspondre après son retour en Hongrie[36]. Louis II de Hongrie, qui succède sur ce trône au célèbre Mathias Corvin mort sous les coups des Turcs et à son propre père, mourra dès 1526 en se battant lui aussi contre les Turcs à la terrible bataille de Mohàcs. La carrière de Gosztonyi en Hongrie avait été favorisée par l'appui de la mère de Louis II, fille d'Anne de Foix[37]. On ne peut minimiser le rôle de Gosztonyi sur Clichtove et les réformateurs parisiens, car depuis le

---

32. Traductions de ce traité de Vivés par Changy (1542), Grévin (1548) et Turquet de Mayerne (1558).

33. Mais quand il innove, Boaistuau écrit de véritables commentaires marginaux, et non de simples références d'auteurs (voir les passages sur Mahomet par exemple).

34. Le *De regis officio* (« les devoirs de la fonction de roi ») ne rentre pas dans la lignée des traités à l'italienne qui vont d'Egidio Colonna (*De regimine principum*) à Budé, où l'on formait un jeune prince depuis sa naissance, en le rendant physiquement fort et habile et en lui donnant une large éducation intellectuelle humaniste, en même temps qu'il était, bien sûr, un roi chrétien et un homme de guerre.

35. On ne peut minimiser la vogue du roi Louis IX au seizième siècle, ni sa présence dans les Chroniques et l'iconographie.

36. Sur ce personnage important, voir Alexandre Eckhardt, *De Sicambria à Sans-Souci, Histoires et légendes franco-hongroises* (1935) (Paris: PUF, 1943), chap. VIII, « Un prélat hongrois humaniste et érasmien: Jean de Gosztonyi à Paris (1515) », pp. 139–58, et Renaudet, *Préréforme et humanisme à Paris*, p. 672. Sur ses conceptions religieuses communes avec celles de Clichtove, voir surtout Massaut, *Josse Clichtove*, II, pp. 28–51, 108–12, chap. 3, pp. 287–97, 323–35, 367 et passim; et Massaut, *Critique et tradition*, Gosztonyi et l'évêché de Györ, pp. 101–3, 166–7, 181 et passim. Sur les relations de Gosztonyi avec Bonifacio de Ceva, qui lui dédie l'un de ses ouvrages, voir encore Eckhardt, *De Sicambria à Sans-Souci*, chap. VIII, et Renaudet, *Préréforme et humanisme à Paris*, pp. 556–8, 656 et passim.

37. Après le mariage d'Anne de Foix, nièce d'Anne de Bretagne, avec Mathias Corvin, la France suit de près ce qui se passe en Hongrie et des Hongrois viennent davantage en France.

mariage d'Anne de Foix avec Mathias, les liens entre la France et la Hongrie sont plus resserrés, et les ambassadeurs français qui passent par la Hongrie et la Transylvanie pour se rendre à Constantinople sont plus régulièrement informés[38]. Ce fut sans doute le cas de Jean Jacques de Cambray[39] que Boaistuau pourrait avoir accompagné sur une partie de son chemin. Comment Boaistuau, dédiant en 1556 le *Chelidonius* au duc de Nevers († 1562), et fréquentant sans doute son entourage intellectuel, dont font alors partie François Habert et Vigenère, pourrait-il ignorer le réformateur flamand, professeur de théologie à la Sorbonne et mort à Chartres en 1543? Clichtove figurait et figure encore dans tant de bibliothèques[40]! Les allusions fréquentes à la Hongrie et à l'Europe centrale dans l'ensemble de l'œuvre de Boaistuau prouvent par ailleurs chez lui un intérêt et des connaissances réelles.

En 1556, Boaistuau s'adressait à un prince très catholique et pieux, François de Clèves, ainsi qu'à sa première épouse, Marguerite de Bourbon († 1559), qui l'était tout autant et dut être satisfaite de cette addition finale sur le mariage chrétien. Ce ne sont sans doute pas là les pages les plus brillantes de Boaistuau, mais c'était déjà son style, car il se plaignait alors d'avoir beaucoup de difficulté à contrôler le français que ce Breton sans doute bretonnant disait avoir appris sur le tard, comme le latin[41].

Houel a pu connaître directement Boaistuau par des intermédiaires comme Vigenère[42], Belleforest, Bernard de Girard seigneur du Haillan, Estienne Pasquier

---

38. Eckhardt, *De Sicambria à Sans-Souci*, passim.

39. Voir ce que dit B. Aneau en 1560 de Jean Jacques de Cambray, l'un de ses amis, dans *Alector* (notre éd., Genève: Droz, 1996, pp. 844–5 et passim), ainsi que tout ce qu'Aneau peut écrire sur Mahomet et le Coran. L'intérim de Cambray à Constantinople s'effectue en deux fois, de 1546 à 1550.

40. En particulier la Sorbonne, la Mazarine, l'Arsenal... et Durham.

41. Sans doute auprès de Cambray, car les ambassadeurs avaient grand besoin de latinistes auprès d'eux. Quoiqu'il se soit plaint d'avoir peiné à apprendre le latin, Boaistuau fut un bon latiniste, comme on peut en juger par les deux poèmes latins que, sous le nom de P. DU BOAISTUAU BRITONIS NAVETENSIS (« Breton des parties de Nantes » dans le *Chelidonius*), il écrit en 1556 pour Jan de La Lande, « Breton de la maison de Mgr le duc d'Anghien » (c'est-à-dire François de Bourbon), qui traduit les *Histoires de Dictis Cretensien* (Paris: Vincent Sertenas; autre exemplaire chez Longis, avec le même achevé d'imprimer de Groulleau, le 27 février 1556). Le volume est offert à Claude de Laval, sr de Boysdaufin, qui est mort aussitôt après avoir été nommé archevêque d'Embrun en 1555; il avait par ailleurs assuré des missions diplomatiques. Boaistuau et La Lande sont alors tous deux sous l'influence de la poésie de Ronsard. On notera le patronyme « Du Bouaistuau », qui a des chances d'avoir été le meilleur de son vivant.

42. Vigenère est connu de Houel sur un point particulier (voir notre « Funerary inventions and mysteries ») à un moment où il n'a pas encore publié ses annotations sur Tite Live. Je ne sais si Jacques Yver, qui me semble aussi avoir connu Vigenère avant 1572, avait eu à rencontrer l'apothicaire Houel à Paris: il parle en tout cas savamment de poison et de

et autres personnages qu'il cite de 1566 à 1586. Il savait nécessairement au début des années 1560 que Boaistuau était un « translateur » qui avait beaucoup ajouté du sien, mais c'est la dernière partie « de son invention » dans le *Chelidonius* qui le retient, « *l'excellence et dignité de mariage* ». C'est bien ce chapitre XIII absent de Clichtove – « Combien l'incontinence est dommageable aux princes [. . .], avec un traité de la dignité et excellence de mariage » – qui fait une place visible à l'histoire d'Artémise, car il se termine sur la fidélité des époux après la mort,

> [. . .] de sorte que la mort qui dompte toutes choses n'a sceu esteindre leur memoire d'entre les hommes, comme celuy d'Alceste avec sa compagne: celuy de Jules avec sa Pompée, Porcia avec Caton, *Artemisia*[sic] avec son époux et celuy d'Hysicrate avec ce grand Roy Mithridates, et plusieurs autres recensés aux sainctes lettres, lesquels ont esté si heureux qu'ils n'ont pas seulement triomphé de l'enuie des tourmens, mais de la mesme mort, tellement que pour un reprouvé et condamné par les histoires, on les trouvera peuplées d'un million d'autres tous loüables et saincts. Mais si nous voulions esprouver tous les estats de nostre vie à telle touche, et mesurer toutes nos actions à si juste balance, que se pourroit-il trouver si sainct en ceste mortelle vie, qu'il ne soit vray, le premier estat du monde fut constitué de deux personnes, homme et femme, qui tous deux trebucherent [. . .]

La conclusion de l'*Institution des Princes Chrestiens* selon Boaistuau était donc claire :

> Recevons, honorons et maintenons le mariage avec telle innocence, pureté et sincerité de cueur, qu'il ne nous soit un jour en condamnation devant Dieu juste juge de noz œuvres.[43]

C'est cet ouvrage d'édification morale et religieuse qui devait plaire au pieux Houel et le convaincre. Le lecteur qui annote la page de titre de l'exemplaire de 1559 de l'Arsenal dit bien: « Ce n'est pas un Roman, mais un livre de morale ».

Houel a pendant toute sa vie été particulièrement cohérent, voire obstiné, dans ses longs projets: il fallait qu'ils combinent à ses yeux la religion et la beauté des réalisations artistiques que la vertu réclamait dans tous les domaines, quels qu'ils fussent, architecture comprise. Mais l'une de ses convictions les plus tenaces est encore que la royauté, et surtout celle d'une reine qu'il admire, comme Catherine de Médicis, doit s'illustrer non seulement par la piété et la fidélité conjugale, mais encore supérieurement par la charité, qui était aussi très présente chez Clichtove.

« contrepoison de mitridat » dans le *Printemps d'Yver* de 1572, éd. par M.-A. Maignan et M. M. Fontaine (Genève: Droz, 2015), p. 290.

43. Boaistuau, *Chelidonius*, fols 140^v et 143^r (Fin). Le chapitre XIII et sa conclusion, comme l'ensemble du texte, n'ont jamais changé dans les éditions de *Chelidonius* que j'ai pu consulter (1559, 1567, 1572, 1576 et 1578).

Le dernier ouvrage de Houel, toujours offert à Catherine, éclaire particulièrement bien en 1586 ce qui a dirigé sa vie entière: *Les mémoires et recherches de la Devotion, Piété, et Charité des Illustres Roynes de France, Ensemble les Eglises, Monastères, Hospitaux, et Colleges qu'elles ont fondez et edifiez en divers endroits de ce Royaume: Au moyen desquelles fondations, Dieu leur a donné seconde et heureuse lignée. Par Nicolas Hoüel Parisien, Intendant et gouverneur de la Maison de la Charité Chrestienne*[44]. Il y requiert instamment de la « tres-Haute, tres-illustre, tres-Chrestienne, et Tres-Charitable Princesse, Madame Catherine de Medici[45], Royne Mere du Roy de France et de Pologne », qu'elle l'aide à trouver les moyens financiers pour bâtir sa Maison de la Charité, toujours largement inachevée en 1586, et pourtant de plus en plus nécessaire au misérable état de la population parisienne[46]. Il continue de rappeler à la reine les premières œuvres qu'il lui avait offertes, qui célébraient

> l'Obélisque de ce grand Empereur Auguste, la Colonne de Trajan, le Septizonium de Severe et le Grand Arc de Constantin, qui servent de miracle à nostre temps [...] les Pyramides d'Egypte [...] qui nous representent leurs autheurs, comme s'ils vivoient encore à present,[47]

---

44. Exemplaire consulté: Arsenal 8-H-12944 (Paris: Jamet Mettayer, Imprimeur du Roy, 1586), avec privilège du 15 janvier 1586.

45. Il ne francise jamais ce nom, pour faire plaisir à une reine dont il connaît bien l'attachement à ses origines italiennes.

46. Le chantier de la Maison de la Charité Chrestienne, dans le quartier Saint-Marcel, touché en 1579 par une forte inondation du bras de la Bièvre sur lequel étaient situées ses premières réalisations (un jardin des simples et les débuts d'une « apothiquairerie ») est en effet pratiquement arrêté de 1579 à 1586, période de famines et d'épidémies accentuées par les guerres civiles « de religion », troubles accentués par les positions religieuses de Henri III, particulièrement sensibles aux Parisiens, et les débuts de la Ligue (fondée en 1576). En 1586, Houel semble n'avoir pu reconstituer que le jardin, la pharmacie des apothicaires et le regroupement de quelques apprentis autour de quelques maistres apothicaires. Tout le reste est projet, sous forme d'imprimés, de manuscrits prêts à être signés devant notaire (BnF, N. a. fr. 19737), ou de dessins à offrir au roi et aux reines pour les séduire (BnF, Est. Pd 29 Rés., et Pd 30).

47. Voir aux sujet de ces monuments et de ces formes antiques notre édition du manuscrit de 1507 de Jean Lemaire de Belges, *Des Anciennes Pompes funeralles* (Paris: Société des textes français modernes, 2001): il s'agit du manuscrit copié vers 1511 pour Pierre Sala, in *Les Antiquités de Lyon* (BnF, Ms. fr. 5447). Et nos deux articles: « Antiquaires et rites funéraires » in *Les Funérailles à la Renaissance*, pp. 329–56; et « Funerary inventions and mysteries ». C'est dans ce dernier article que j'ai analysé le rôle de Nicolas Houel auprès d'une Catherine de Médicis en Artémise, à propos de la conjonction récente de deux lignées: celle des auteurs antiques et médiévaux sur Artémise, et d'autre part la lignée sur le bûcher des empereurs romains décrit dans le texte d'Hérodien découvert par les humanistes au quinzième siècle.

tous monuments dont nous reconnaissons l'influence sur son manuscrit de l'*Histoire d'Artémise* (BnF, Ms. fr. 306)[48] et dans les sonnets et dessins du manuscrit dit de la *Tenture d'Artémise* (BnF, Ms. ad. 105). Il lui rappelle encore qu'elle a

> tiré de la Grece en la France les livres les plus rares, et de meilleure antiquité, pour en faire communication aux gens de lettre. Et pour cest effect a fait bastir en sa maison d'Orléans[49] une excellente bibliothèque, où elle a mis les livres des Papes Leon X[e] et Clement 7e ses oncles, dont Rome avoit jouy par trop longtemps afin d'en faire communication à noz Francoys.

Mais il doit par-dessus tout rappeler à la reine l'immense besoin d'une Maison de la Charité Chrestienne, dont il avait conçu plus tôt le programme méthodique et détaillé (à consigner devant notaire, précisait-il) dans un manuscrit calligraphié – attribué à Guillaume Legagneur par F. Avril – destiné à convaincre les donateurs par l'organisation remarquablement honnête et pratique de son institution: *L'Ordre et Police gardez en l'Appothiquairerye, college et chappelle de la Charité Chestienne pour les pauvres honteux* (BnF, N. a. fr. 19737). Le texte, introduit et conclu par des prières et actes de contrition, prononcés par lui-même, mais encore par les « pauvres enfants » et par ses « frères » à la chapelle « afin qu'[ils vivent] éternellement », crée en fait un véritable ordre religieux laïque, une sorte d'institution hospitalière sans « clôture ». Il prévoyait aussi de placer dans chaque salle « l'image du Crucifix », car « la langue parle aux oreilles et la peinture aux yeux, et entre plus avant au cœur que la parole »[50], ce qu'il illustra bien pendant toute sa vie.

Cette fondation et les dons pour venir en aide aux « pauvres honteux » en ces temps d'hérésie et de misère devaient culminer dans une belle chapelle qui

---

48. Il est écrit entre 1562 et 1566, et offert (?) dans son état final à Catherine de Médicis à une date forcément très antérieure à 1586. Houel connaissait alors beaucoup de détails précis sur les goûts et l'emploi du temps quotidien de la reine qui vivait alors au Louvre: il les décrit dans ce manuscrit en les attribuant à la nouvelle « Artémise ».

49. Houel, *Les mémoires et recherches*, fol. 31[v]. Sur « l'hôtel de la reine » (plus tard « hôtel de Soissons ») que, de 1572 à sa mort en 1588, Catherine tente d'organiser de chaque côté de la rue *d'Orléans*, entre le Louvre et Saint-Eustache, voir les acquisitions successives et les plans dans Françoise Boudon et al., *Système de l'architecture urbaine: le quartier des Halles* (Paris: CNRS, 1977), p. 68 et fig. 67, p. 187 et fig. 249, p. 259 et fig. 259 et 260. Rappelons qu'il n'en reste que la colonne, près de la rotonde de la Halle au blé.

50. Houel, *L'Ordre et Police gardez en l'Appothiquairerye, college et chappelle...* (BnF, N. a. fr. 19737), article xiii de ce manuscrit non folioté. Il peut être daté à peu près de 1583 en raison de son exacte correspondance avec les conceptions des dernières figures du manuscrit BnF, Est., Rés. Pd 29 (I. de Conihout et al., *Henri III mécène*, dessins 7–11, pp. VIII–X du cahier couleur hors texte).

donnerait aux deux reines, Catherine et Louise[51], quelque assurance d'une vie éternelle méritée, ne serait-ce que par les prières de reconnaissance qui s'élèveraient vers Dieu en leur faveur. A partir de l'inondation de 1579, il n'a en effet cessé de leur réclamer cette chapelle en leur offrant trente-trois dessins de procession, comme on les faisait alors à Paris, et qui ont été conservés en deux séries arbitraires[52]. Cette continuité de la représentation de processions sous forme de scènes de l'actualité religieuse réunies sur un même tableau ou une seule frise, alors qu'ils n'étaient pas initialement simultanés, devrait bien rendre plus prudents leurs interprètes, car il en reste d'autres exemples[53]. Ainsi les dessins faits pour N. Houel, qui ont été plus tard regroupés arbitrairement en deux séries, devraient être interprétés, non comme deux séries de représentations réelles, mais comme trente-trois dessins à séparer de nouveau, à la suite des interprétations pourtant lumineuses de Frances Yates, qui n'avait malheureusement pas cherché à repenser l'état actuel de ces frises. Il faudrait reprendre l'interprétation de ces commandes pour discerner le dessein religieux initial du projet général de Houel, conçu à la gloire de la religion royale et des ordres de pénitents récemment fondés, des reines Catherine et Louise, et de sa

51. Cf. Houel, *Les mémoires et recherches*, fol. ê1ᵛ. Ainsi encore, Louise de Lorraine et Catherine de Médicis défilent-t-elles chacune avec une maquette de chapelle dans leurs bras, comme d'autres dames, au cours de la procession qui les entraîne dans Paris, et, entre autres, vers l'emplacement de cette Maison de la Charité dont Houel s'est fait nommer lui-même « l'Intendant et gouverneur » (fig. 9 du manuscrit BnF, Est. Pd 30 Rés.). Voir Frances Yates, *Astrea: The Imperial Theme in the Sixteenth Century* (1975); trad. fr. par A. Huraut et J.-Y. Pouilloux (Paris: Belin, 1989, fig. 9, p. 312): dans l'une des séries assez improprement appelée « King's procession » dans l(es) frise(s) commandée(s) par le même Houel.

52. Ce sont les célèbres frises recueillies en BnF, Est. Pd 30 Rés. et Pd 29, reproduites et analysées par Yates, *Astrea*, chap. « Les dessins de procession »; voir aussi son chapitre « Les processions religieuses ».

53. Voir M. Grivel, « Les Guerres de religion », in *The French Renaissance in Prints, from the Bibliothèque nationale de France – La Gravure française de la Renaissance* (Los Angeles: UCLA et Paris: BnF, 1994–95), « Procession des Pénitents blancs le 25 mars 1583 », p. 20 et fig. 163, p. 420 (BnF, Est. Qb 1 (1583)): cette Congrégation des Pénitents blancs, instituée par le roi le 21 mars 1583, défile pour la première fois le 25 mars 1583. Une autre épreuve, maintenant colorée, de cette estampe, due à Pierre Ménier, libraire et imprimeur parisien, figure dans le recueil constitué par Pierre de L'Estoile, *Les Belles Figures et Drolleries de la Ligue* pour 1585: Pénitents blancs de L'Annonciation sur fond bleu, à laquelle s'ajoutent trois autres pièces, tout en formant une seule frise: procession des Pénitents bleus de Saint Jérôme fondés en 1583 (bleus sur fond jaune), des Pénitents noirs du Saint Crucifix et des Pénitents gris fondés en 1585, de sorte que l'estampe d'une seule procession initiale se développe en frise continue de plusieurs processions plus tardives (reproduction de cette estampe sous forme de dépliant inséré dans l'édition du volume de P. de L'Estoile procurée par G. Schrenk (Genève: Droz, 2015), pp. 20 et 27).

propre Maison de la Charité Chrestienne. Il s'agissait de les unir, pour lui permettre d'achever la construction de celle-ci, et sauver religieusement la vie de la population parisienne, dans ce monde *et* pour l'éternité!

Avec le temps, Houel a donc concentré tous ses efforts sur cette réalisation qui, en fait, ne connaîtra qu'un très modeste début: l'apothicairerie et le jardin des plantes médicinales fonctionneront, mais Houel ne verra construire ni la belle chapelle, ni le véritable collège qu'il destinait à la formation médicale, religieuse et, si possible, humaniste, des enfants pauvres ou orphelins: il avait voulu les former à confectionner la pharmacie nécessaire à la ville dans ces temps de désastres, et à devenir des médecins et apothicaires aptes à soigner à domicile les « pauvres malades ». En marge du goût qu'il montra généreusement pour les arts, de la qualité des artistes qu'il fit travailler à ses projets, de ses véritables compétences médicales dans les soins apportés aux malades pauvres, Houel reste profondément attaché à la lignée des ouvrages d'édification morale que l'on destine à l'éducation du Prince et du Roi, et encore plus aux « Illustres dames » que sont ses reines, mais avec la certitude absolue de la complémentarité de ces desseins et une sorte d'honnêteté foncière qui rendent le personnage très attachant. Tout cela a guidé ses premiers choix, dans un esprit ouvert qui reste à notre avis fortement marqué en sourdine par la bonne survivance des idées humanistes bienveillantes d'une « Pré-Contreréforme » parisienne[54]: en quelque sorte à la suite de Josse Clichtove et à travers Pierre Boaistuau, parmi tant d'autres.

---

54. Selon l'expression et la démonstration générales de Massaut.

Nottingham French Studies 56.3 (2017): 285–295
DOI: 10.3366/nfs.2017.0191
© University of Nottingham
www.euppublishing.com/nfs

QUELQUES ÉLÉMENTS
D'ALCHIMIE PÉRUVIENNE

DIDIER KAHN

En 1970 ou peu de temps après, François Secret, sur un tiré à part de son article « Claude Barthélemy Morisot, chantre de Rubens et romancier chymique », inscrivit une dédicace en ces termes: « Pour S. J. Bamforth en souvenir de la Réserve où nous fîmes connaissance en Béroalde »[1].

J'avoue ne pas savoir comment une photocopie dudit tiré à part m'est venue entre les mains; mes photocopies d'articles de François Secret m'ont été fournies vers 1987 par Sylvain Matton (en voyage à l'autre bout du monde au moment où j'écris ces lignes), longtemps avant que je ne fasse connaissance avec l'un et l'autre des protagonistes. C'est donc sans doute de Stephen Bamforth lui-même que Sylvain Matton eut cette photocopie. On voit en tout cas que ce n'est pas d'hier que Stephen fut initié aux charmes du *Peruviana* de Morisot, œuvre singulière et extravagante entre toutes.

Paru en 1644–6, le *Peruviana* de Claude-Barthélemy Morisot « se présente à la fois comme un roman à clefs, une fable, et comme l'histoire politique authentique de la France de 1610 à 1643 »[2]. Dans cet ouvrage d'un exotisme radical, où *Cuba* (la Sicile) et *Californiae Sinus* (le golfe de Venise) n'émerveillent pas moins que le *Nicaragua* (« la Lombardie, Gênes et le Piémont »), la ville de *Yahuarpampa* (Dreux) ou *Sacsahuamama* (la Bastille), un nom au moins, *Zamarinus*, est un transparent anagramme (Mazarin), pour un personnage qui n'intervient que peu.

Il faudrait un plus vaste cadre pour rendre justice à cet ouvrage. On se contentera ici d'en donner des extraits propres à illustrer la fusion spectaculairement réussie de deux matériaux – roman et alchimie – que rien ne laissait prévoir depuis le Moyen Âge jusqu'au milieu du seizième siècle, lorsque diverses innovations concordantes ouvrirent progressivement la voie

---

1.   François Secret, « Claude Barthélemy Morisot, chantre de Rubens et romancier chymique », *Studi francesi*, 40 (1970), 77–85.

2.   Jean-François Maillard, « Littérature et alchimie dans le *Peruviana* de Claude-Barthélemy Morisot », *XVIIᵉ siècle*, 120 (1978), 171–84 (p. 175). Claude-Barthélemy Morisot, *Peruviana* (s.l., 1644); rééd.: *Peruviana* (Dijon: Guy-Anne Guyot, aux frais de l'auteur, 1645); *Conclusio et interpretatio totius operis* (Dijon: Guy-Anne Guyot, 1646).

à ce genre nouveau et éphémère[3]. On ne perdra pas de vue que cette fusion réussie doit beaucoup, et même l'essentiel, à une vision du monde restée résolument néoplatonicienne, où *furor* prophétique et conscience d'un monde où seule règne l'apparence – la vérité se situant au-delà – garantissent l'unité de la science et de la poésie dans des fables que l'art à son sommet, porteur d'un sens anagogique et d'un message prophétique, parvient à élever à « la dignité de l'histoire vraie »[4]. On retiendra aussi qu'un facteur décisif de cette unité est l'usage fait par Morisot de la langue latine, difficilement rendue en traduction française: c'est pourquoi on donnera ici le texte latin en regard de notre traduction, plutôt que dans les notes de bas de page.

Dans la *Conclusio et interpretatio totius operis* qui couronne l'ouvrage, Quico et Puma (Du Fargis et Gaston d'Orléans) parviennent avec leur suite à la demeure solitaire de Vaquianus (l'habile expérimentateur), vaste laboratoire pourvu d'instruments alchimiques de toutes les sortes possibles, surabondamment orné d'emblèmes et de symboles de l'art transmutatoire:

Le bas des murs était recouvert par une grande variété de fourneaux. Construits en forme de remparts ou se distinguant par leurs divers angles: pentagone, hexagone, triangle, leur appellation changeait selon leurs diverses formes [fig. 1 et 2]. Celui-ci avait la forme d'une tour; un autre se reculait, resserré en lui-même; un autre plus large s'en éloignait; ailleurs, un fourneau ouvert sur le devant; ou distribué en colonnes; ou bien grillagé par des lames de fer entrelacées; ailleurs fermé d'un	*Ima parietum multiplici fornace tegebantur: haec propugnaculorum in modum constructa, pentagona, exagona, triquetra, angulisque pluribus distincta, a figurae diversitate appellationem sumebat: illi turris forma erat: recedebat alia in sese condensata, secedebat alia latior. Alibi anteaperta fornax, aut columnis intersertis divisa, aut internexis ferri laminis craticulata, alibi operculata, arcuata, umbilicata, globosa, pyramidalis, aculeata. Singulis sua nomina erant, discretis titulis inscripta.*

3. Voir à ce propos Wallace Kirsop, « L'exégèse alchimique des textes littéraires à la fin du XVIᵉ siècle », *XVIIᵉ siècle*, 120 (1978), 145–56; D. Kahn, « Présence et absence de l'alchimie dans la littérature romanesque médiévale », in *Savoirs et fiction au Moyen Âge et à la Renaissance*, dir. par D. Boutet et J. Ducos (Paris: Presses de l'université Paris-Sorbonne, 2015), pp. 161–86 (version augmentée, in *HAL* < http://hal.archives-ouvertes.fr/hal-00768993> [consulté le 26 janvier 2017]); D. Kahn, « L'alchimie dans *Le Page disgracié* », *Méthode! Revue de littératures*, 23 (2013), 67–83.

4. Maillard, « Littérature et alchimie dans le *Peruviana* », pp. 172–3, et pp. 180–1 pour la dimension prophétique.

couvercle, courbé comme un arc, ombiliqué, sphérique, pyramidal, pointu. Chacun avait son nom, inscrit sur un écriteau distinct, tel que fourneau d'essai, fourneau à digestion, putréfaction, purgation, fulmination, séparation; pour l'alun, le nitre, l'or, l'argent, le fer, le cuivre; pour fondre, calciner ou dissoudre. Certains étaient aussi appelés calcinatoires, dissolutoires, et d'autres encore *per ascensum*, *per descensum*, par voie sèche ou humide.

Qualia probatoria, digestoria, putrefactoria, purgatrix, fulminatoria, segregatoria, alumini, nitro, auro, argento, ferro, aere, fundendo, calcinando, dissolvendo. Unde etiam aliquae calcinatoriae, et dissolutoriae dicebantur: et istae rursum ascensoriae, et descensoriae, siccae, et humidae.

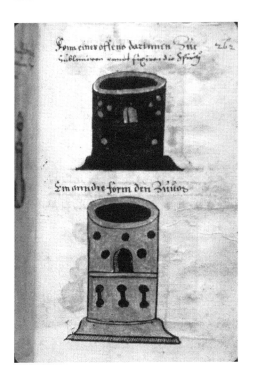

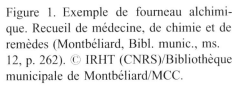

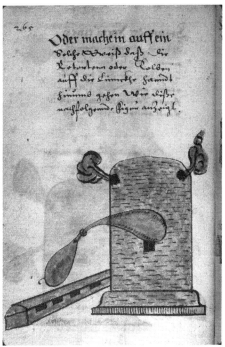

Figure 1. Exemple de fourneau alchimique. Recueil de médecine, de chimie et de remèdes (Montbéliard, Bibl. munic., ms. 12, p. 262). © IRHT (CNRS)/Bibliothèque municipale de Montbéliard/MCC.

Figure 2. Exemple de fourneau alchimique. Recueil de médecine, de chimie et de remèdes (Montbéliard, Bibl. munic., ms. 12, p. 265). © IRHT (CNRS)/Bibliothèque municipale de Montbéliard/MCC.

Quant aux vases et aux creusets, on ne saurait en dire le nombre et les formes. Placés ici sur des ouvertures, là dans des bains, ailleurs sur des grilles, les vaisseaux étaient recourbés en forme de becs, de retortes, en forme de tuyaux, de petites cucurbites, de serpentins, de ballons; c'étaient des vases à circulation, des vaisseaux aveugles, des coupes, des vases à broyer, des vaisseaux de séparation, en bronze, en fer, en terre cuite ou en verre.	*Vasorum autem catinorumque formas et numerum dicere nequeas. Hic respiraculis, illis balneis, alibi craticulis impositae ampullae, rostratae, retortae, fistulatae, cucurbiculatae, anguinae, sphericae, circulatoriae, caecae, conchae, tritoriae, separatoriae, aeneae, ferreae, fictiles, vitreae.*
S'élançant des fourneaux, des éclairs variés, selon la quantité et les degrés des feux, produisaient un feu extrêmement brillant. Parmi les extrémités des voûtes courbées en arc soutenues par des saillies droites, des tuyaux cachés, insérés dans la voûte, recevaient des fumées en grande quantité, s'exhalant avec cendres et flammèches par nombre d'ouvertures, qu'une large cheminée, elle-même rendue invisible par la salle voûtée aux yeux de ceux qui restaient dans la salle à manger, vomissait par le toit de la maison, offrant à ceux qui en étaient sortis l'aspect d'une montagne d'où s'échappait un feu de soufre. Cet artifice permettait de rejeter dehors fumées, odeurs et vapeurs, si nocives pour les ouvriers.	*E fornacibus diversus fulgor secundum quantitatem gradusque ignium emicans, lucidissimum ignem faciebat. Inter desinentias concamerationum in arcum curvatas, prominentiis simplicibus sustentatas, latentes insertique fornici tubi fumos multiplices excipiebant, quos omnes cum favillis et flamma per plures meatus evolutos, patens caminus, et ipse testitudinis interventu, in triclinio permanentibus, non visibilis, supra tectum domus evomebat, speciemque montis, sulphureum ignem evolventis, exclusis praebebat. Hac arte, quae operariis nocentissima sunt, excludebantur, fumus, odor, et vapor.*
De nombreux emblèmes recouvraient les espaces entre les voûtes et toute la salle voûtée, les images restant à l'abri de la fumée grâce à l'artifice susmentionné. Là,	*Interstitia arcuum, fornicemque totum plura emblemata tegebant, eo, quo diximus artificio, picturis a fuligine vindicatis. Ibi in aequali triangulo nascentis Mundi figura*

dans un triangle équilatéral, se voyait la naissance du monde, contenant toute chose végétale, animale et minérale. Au-dessus d'un rectangle se trouvait Mercure, non loin sur sa droite le Soleil [l'or], sur sa gauche la Lune [l'argent]. Ailleurs, un pélican rendait la vie, de son sang, à ses poussins morts. Un phénix ressuscitait de la cendre de son noble père. Un lion luttait contre un dragon, un aigle contre un cerf, un rhinocéros contre un ours. On voyait Triton sonner de la conque pour exciter les combattants. Un corbeau et un cygne observaient le combat. À côté, des prés étaient baignés de fontaines, et de lumière dans les montagnes. Non loin, des jardins fleurissaient de roses et de lys. Des serpents tendaient des pièges aux crapauds, des corbeaux à des cygnes, dont le soleil brûlant concluait les querelles. Un enfant se lavait à une fontaine et aussitôt partait, homme couronné et, armé, tranchait de son glaive la tête d'un lion bondissant, du sang duquel naissaient des dragons que le Bélier et le Capricorne faisaient mourir, les foulant de leurs pieds irrités. Mercure accourait, et les touchant de sa verge, les rendait à la vie. Ils paraissaient rendus furieux par la grâce de Dieu, et, ayant courbé le col, irrités, ils dardaient leur langue, lorsque voici qu'un coq fond sur eux de ses plumes rapides, et les dévore tous. Survenait un aigle à deux têtes, et s'étant plaint de ce qu'ils étaient morts, lui aussi le coq l'immolait.

videbatur, omne vegetabile, animale, et minerale continens. Supra rectangulum Mercurius, prope dextrum Sol, ad sinistrum Luna erant. Alibi pelicanus de suo sanguine pullis enecatis vitam reddebat. Phœnix de cinere bonae parentis resurgebat. Leo cum dracone certabat, aquila cum cervo, rhinoceros cum urso. Cernebatur Triton concha occinens incitare praeliantes. Corvus et olor pugnam spectabant. Juxta prata fontibus irrigua, et in montibus, luci. Haud longe horti rosis et liliis vernabant. Insidiabantur serpentes bufonibus, corvi oloribus, quorum rixas Sol ardens componebat. Abluebatur fonti puer statimque in virum coronatum abibat, gladioque, armatus insultantis leonis caput abscindebat, de cujus sanguine dracones nascebantur, quos aries et caper infensis pedibus calcantes, necabant. Advolabat Mercurius, tactosque virga, vitae reddebat. Efferati apparebant munere Dei, collaque sinuati, micantibus linguis irasci, cum ecce gallus praepete penna irruens, omnes devorat. Interveniebat biceps aquila, questaque, de occisis, et ipsa a gallo caedebatur. Gratum hoc Junoni, quae pavone expansa cauda superbiente victorem donabat. Ex galli et pavonis fœminae copula nascebatur ovum, ex ovo pullus argentea rubraque lanugine insignis, quem formosissima virgo inter rosas et lilia lacte suo ita educabat, ut momento altior et robustior ipsis

Cela plaisait à Junon, qui donnait le vainqueur au paon, fier de sa queue déployée. De l'union du coq et du paon femelle naissait un œuf, de l'œuf un poussin remarquable par son duvet argenté et rouge, qu'une très belle vierge nourrissait de son lait entre les roses et les lis, de telle sorte qu'en un moment il devenait plus grand et plus robuste que ses propres parents, illustre par son diadème d'or serti de petites pierres surpassant de leur couleur de feu la lumière même du Soleil.[5]	*etiam parentibus evaderet, aureo conspicuus diademate, lapillis intersertis, ipsius Solis lumen flammeo colore vincentibus.*

Après un moment de stupeur, les arrivants prennent place à table, où un repas leur est servi:

Sept serviteurs recouvrirent de mets variés la table soigneusement dressée. Les convives invités par Vaquianus y prirent place, et lorsqu'ils eurent mangé les premiers et les seconds plats, ces mêmes serviteurs emportèrent les restes du repas, placés dans des corbeilles, avec les amphores à moitié vides, puis bientôt la table même. Tandis que les convives s'entretenaient de choses et d'autres, entrèrent dans la salle sept personnages masqués, errant en de libres enchaînements, et évoluant presque sans toucher le sol de leurs pieds frémissants. Il n'y avait là pour eux ni joueur de lyre, ni	*Dum haec omnia stupent, qui huc casu advenerant, famuli septem extructam sedulo mensam cibis variis texerunt. Discubuere invitati â Vaquiano convivae, primisque et secundis ferculis consumptis, iidem illi servi reliquias cœnae in corbes missas cum semivacuis amphoris abstulerunt, mox et ipsam mensam. Dum vario sermone comessati garriunt, intravere triclinium viri personati septem, liberis nexibus errantes, intactumque pene pavimentum trepidante natantes planta. Nullus illis aut fidicen, aut tibicen. Ipsae vestes, quibus induti erant, attritu suo modos faciebant.*

---

5. Morisot, *Conclusio*, pp. 2–3.

joueur de flûte: c'étaient les habits mêmes dont ils étaient revêtus qui produisaient la mélodie par leur frottement. Mars, comme de coutume, s'avançait en armes; la Lune et Vénus, toutes deux revêtues d'une longue robe, l'une en argent, l'autre en cuivre tous deux malléables, marchaient à la façon des dames; plus rapide que les autres, Mercure, tournant sur lui-même ainsi qu'une toupie, frottait sa tunique blanche tantôt contre celui-ci, tantôt contre celui-là, et dans le choc il en perdait toujours quelque lambeau, qui s'accrochait à eux. Une harmonie se dégageait du vacarme discordant des armes et des vêtements, mais – admirable trouvaille – de façon telle que, dès que cessait le mouvement des corps qui dirigeait le concert, cessait aussi et complètement le bruit. En effet, tandis que la coutume veut que nos danseurs soient dirigés par le joueur de lyre, que ce soit lui qui règle et qui presse leurs mouvements ici, au contraire, c'était du mouvement seul que naissait l'harmonie et qu'étaient produites les mélodies qui déterminaient chacune des figures. Lorsque, celles-ci une fois exécutées, les masques reprenaient à nouveau la danse, l'harmonie elle aussi revenait, provoquée par le choc des danseurs qui s'empêtraient, par leurs allées et venues, par leurs bonds, et par les lames des différents métaux entrechoquées sous la trépidation des pieds, produisant par des bruits et des sons divers des airs de musique

Mars, ut solet, incedebat armatus, ductili argento luna, Venus aere, stollatae ambae, matronarum in morem gradiebantur: velocior ceteris Mercurius, turbinis in speciem sese versans albam tunicam, nunc huic, nunc illi affricabat, semperque aliquid, quod aliis accederet, collisione amittebat. Strepitus armorum vestiumque dissonus concordiam faciebat, ita tamen, ut cessante corporum motu, totius symphoniae rectore, cessaret et strepitus omnis miro prorsus invento. Nam cum nostris saltatoribus legem dare lyristes soleat, motusque temperare et urgere, hic e contra solus motus concentum dabat et modos singulas figuras finientes: quibus explicitis, personatis iterum ad tripudium redeuntibus, redibat et concordia, intricantium collisu excitata, accessionibus, recessionibus, elationibus, et multiformi pedum pulsu concussis varii metalli laminis, diverso strepitu et tono, veluti septichordi lyra, musicos numeros edentibus. Neque antea similis insaniae saltatio desiit, quam lacer et nudus Mercurius, recessisset triclinio, reliquis metallis de spoliato magna complosione triumphantibus, ridentibusque fugientem.

> comme une lyre à sept cordes. Et cette danse pareille à une folie ne cessa pas avant que, nu et lacéré, Mercure n'eût quitté la salle à manger, tandis que les autres métaux, battant bruyamment des mains, exultaient de l'avoir dépouillé et se moquaient du fuyard.[6]

Jean-François Maillard se demandait s'il ne fallait pas voir là « un souvenir vécu de Morisot qui témoigne d'une façon précieuse des divertissements à la cour de Gaston d'Orléans lorsqu'il faisait partie de son cercle »[7]. Ce ballet combine en tout cas visiblement l'idée alchimique du « régime des planètes », où la matière passe par différents stades symbolisés par les divers métaux[8], avec celle de la danse conçue comme une reproduction de l'harmonie des sphères, qui trouvera en France son aboutissement logique dans les fêtes de Versailles où le Roi-danseur, dans ses ballets cosmiques, fera symboliquement office de démiurge ordonnateur de l'harmonie universelle[9].

Après avoir admiré ce ballet, Quico / Du Fargis s'étonne auprès de Puma / Gaston que Vaquianus, s'adonnant à la recherche des causes cachées de la nature si loin de la cour et dans une si grande solitude, ait su néanmoins préserver l'esprit même de la cour, et qu'il ait même écrit récemment une histoire – le *Peruviana* – dans laquelle les plus grands secrets de la cour, croit-on, sont dévoilés. Vaquianus sourit, et expose le sens alchimique de son ouvrage. En voici le début, résumé par Jean-François Maillard:

> Nourris dans une île du lac Titicaca, le roi et la reine créés par le soleil et la lune – l'or et l'argent – viennent sur la terre ferme, fondent Cuzco, c'est-à-dire Paris, et

---

6. Morisot, *Conclusio*, pp. 3–4.

7. Maillard, « Littérature et alchimie dans le *Peruviana* », p. 177.

8. Le modèle alchimique évident est ici l'allégorie du « bain du roi », 4ᵉ partie du *Livre de Messire Bernard comte de la Marche Trévisane*, publié pour la première fois en 1567 (avec l'*Opuscule* de D. Zecaire) et réédité et traduit en latin à plusieurs reprises.

9. Jean-Pierre Néraudau, *L'Olympe du Roi-Soleil. Mythologie et idéologie royale au Grand Siècle* (Paris: Les Belles Lettres, 1986), pp. 125–6. Voir Margaret McGowan, *L'Art du ballet de cour en France, 1581–1643* (Paris: CNRS, 1963), pp. 17–22: « L'harmonie des sphères ou le bal des astres », spéc. pp. 20–1, où l'auteur cite à titre d'exemple un passage caractéristique d'Archangelo Tuccaro, *Trois dialogues de l'exercice de sauter et voltiger en l'air* (Paris: Claude de Monstr'œil, 1599), fol. 36ᵛ.

plantent la verge d'or dans les viscères de la terre pour tout convertir en métal semblable à elle. Manco-Henri IV et Coya-Marie de Médicis, supposés descendre de ces premiers parents sans nom, constituent la matière première de l'or et de l'argent. De cette matière première s'exhalent Yllapa-Louis XIII, soufre ou foudre, et Puma-Gaston, mercure: l'argent vif « rugit comme un lion que nous appelons Puma et, frémissant contre le soufre fraternel, suscite trop souvent des guerres et retire de son obédience, pour se les concilier, les métaux qui lui sont favorables ». La grande tâche du soufre, toujours à recommencer, sera de prendre le lion, autrement dit de fixer le mercure, en liant son frère « tantôt par la victoire, tantôt par la paix »: « De là dans ma fable tant de dissensions entre Yllapa et toi, ô Puma, tant de combats et de réconciliations. » Le mercure congelé ne peut, grâce à l'épaisseur du soufre qui le durcit, s'évaporer ni fuir.[10]

Voici maintenant l'allégorisation de l'arrivée de Richelieu auprès de Louis XIII:

Tarruca [le duc de Luynes] une fois mort, celui qui exerça la plus grande influence auprès d'Yllapa fut Pusara [Richelieu], qui signifie « forteresse invincible », que ce soit le nom de celui qui le premier construisit des fourneaux au Pérou [en France] en forme de tours et de forteresses, ou (comme nous préférons) qu'il soit lui-même le fourneau que les sages nomment « athanor », mais nous « Pusara », c'est-à-dire forteresse résistant des années durant inexpugnablement au feu et à l'air venant des soufflets. Grâce à ces fourneaux, Pusara unit le soufre renfermé en son centre avec l'or, d'où les noces d'Yllapa avec Guanomilla, c'est-à-dire la graine d'or [Anne d'Autriche], car de l'or et du soufre s'engendre la pierre philosophale [l'héritier du trône,	*Tarruca terris exempto, praevaluit apud Yllapam Pusara, qui arx inexpugnabilis interpretatur, sive nomen illius sit, qui primus in Peruvia furnos extruxit, in turrium arciumque speciem, sive malimus eum ipsum furnum esse, quem Athanorem sapientes, nos Pusaram vocamus, arcem scilicet igni et ventis e follibus venientibus per multos annos inexpugnabilem: quorum furnorum ope inclusum, in centro suo sulphur cum auro Pusara copulat, unde Yllapae nuptiae cum Guanomilla, sive aureo grano, ex auro quippe et sulphure generatio fit lapidis Philosophici. Subditorum rebellium hostiumque domitor Yllapa de consiliis Pusarae decantatur, quippe quod excitatum sulphur ab igne in furnum immisso, nativam externamque immundiciem,*

---

10. Maillard, « Littérature et alchimie dans le *Peruviana* », p. 178.

futur Louis XIV]. Yllapa est célébré comme le vainqueur des rebelles et des ennemis qu'il assujettit sur les conseils de Pusara, car il soumet, sépare et purge le soufre rendu violent par le feu introduit dans le fourneau, l'impureté native extérieure et la graisse des atraments, des chaux, des sels et des métaux, et exile Coya elle-même dont il tient la vie [Marie de Médicis], c'est-à-dire sa matière première, ou la terrestréité mêlée à l'or, si bien qu'enfin celle-ci, dans une triste solitude parmi les déserts, maigre et épuisée, rend l'esprit: rien en effet ne subsiste d'autre que de la cendre de cette terrestréité expulsée, jadis la mère d'Yllapa et de Puma, c'est-à-dire du soufre et du mercure. Mais tantôt Puma, qui est et le lion et le mercure [Puma signifiant le lion], renfermé dans un vase bien luté, c'est-à-dire une prison, s'affaiblit et s'épuise, tantôt, une voie s'offrant à lui par le lut mal joint, il fuit loin de son frère et de Pusara, c'est-à-dire le fourneau.[11]

et crassitiem atramentorum, calcium, salium, et metallorum, expugnat, separat, expurgat, ipsamque Coyam de qua vitam habet, primam scilicet sui materiam, sive terrestreitatem auro conjunctum agit in exilium, ut tandem illa tristi in solitudine arenas inter, exsucca et macillenta spiritum ponat: nihil enim de terrestreitate illa exacta, Yllapae quondam et Pumae matre, hoc est, sulphuris et mercurii, quidquam aliud superest post fulminationem quam cinis. Nunc vero Puma, qui et leo et mercurius, lutato bene vasi inclusus, ceu carcere, attenuatur et maceratur, nunc sibi via per male commissum lutum facta, fugit a fratre Pusaraque, hoc est furno.

On avait rarement poussé aussi loin l'allégorisation du grand œuvre. Les vicissitudes de la reine-mère sont l'image exacte de la séparation d'entre l'or et sa matière première, de la purification d'avec les fèces et de leur mortification. L'alchimie épouse étroitement l'histoire de la maison royale, comme si cette histoire n'avait de sens, au-delà de l'événementiel, que dans la perspective de la transmutation, redoublée par le cadre narratif du Pérou, terre de toutes les richesses – mais cette perspective, en retour, ne prend tout son sens que dans

---

11. Morisot, *Conclusio*, p. 8.

l'avènement messianique du futur roi-Soleil, pierre philosophale du royaume de France. Entre l'image et son référent, l'adéquation est parfaite, et la langue inspirée qui traduit cette symbiose est elle-même l'instrument de la *furor* prophétique à l'œuvre dans la coulisse[12].

---

12. J'apprends *in extremis* l'existence d'une traduction toute récente du *Peruviana*: Valérie Boutrois, *Roman, histoire et alchimie au XVIIème siècle. Traduction et étude de la « Peruviana » de Claude-Barthélemy Morisot* (thèse de doctorat, Université de Reims-Champagne-Ardennes, 2015, à paraître aux Classiques Garnier). On attend ce travail avec grande impatience.

Nottingham French Studies 56.3 (2017): 296–308
DOI: 10.3366/nfs.2017.0192
© University of Nottingham
www.euppublishing.com/nfs

NOSTRADAMUS À L'ÉCOLE DE L'EXPÉRIENCE[1]

JEAN DUPÈBE

On ne peut s'étonner de trouver dans un recueil consacré au savoir et au merveilleux une étude sur le fameux Michel de Nostredame dit Nostradamus. Pour justifier notre sujet, nous montrerons que ce médecin astrologue fut d'abord un apothicaire et un praticien avant de découvrir « les bonnes lettres » et la philosophie de Marsile Ficin. Nous devons à cette fin examiner sur nouveaux frais sa formation universitaire en regardant de près les faits et la chronologie.

* * *

Le maître ès arts Michelet[2] de Nostre-Dame, âgé de vingt-huit ans, fut immatriculé à l'École de médecine de Montpellier par le procureur des étudiants, Albert Pelletier[3], le 23 octobre 1529[4]. Il acquitta les droits d'inscription, rédigea et signa une déclaration dans laquelle il prêtait serment et

---

1. Version modifiée de mon article « Nostradamus humaniste » in *Nostradamus ou le savoir transmis* (Lyon: Éditions Michel Chomarat, 1997), pp. 29–43.

2. Sur ce diminutif de « Michel », voir Dr Edgar Leroy, *Nostradamus. Ses origines, sa vie, son œuvre* (Marseille: Laffitte Reprints, 1993), p. 58.

3. Sur la liste et la chronologie des procureurs, voir Alexandre Germain, « Les Étudiants de l'École de médecine de Montpellier. Étude historique sur le *Liber Procuratoris Studiosorum* », *Revue historique*, 3:1 (1877), 31–70, p. 34: Albert Pelletier (Pellitarius), procureur du 19 octobre 1529 au 11 janvier 1530; Louis Dulieu, *La Médecine à Montpellier*, II: *La Renaissance* (Avignon: Les Presses Universitaires, 1979), p. 52; Marcel Gouron, *Matricule de l'Université de Médecine de Montpellier (1503–1599)* (Genève: Droz, 1957), n° 448.

4. Gouron, *Matricule*, n° 943. Se fiant à une note hâtive de Gouron, « La Réception de Nostradamus par Rondelet à l'École de Montpellier » in « Documents inédits sur l'Université de médecine de Montpellier (1495–1559) », *Montpellier médical*, 3ᵉ série, 50 (1956), 372–7 (pp. 374–5), certains biographes répètent que Nostradamus fut inscrit d'abord le 3 octobre. Or on lit dans le *Liber scolasticorum* (Bibliothèque interuniversitaire de Montpellier: S 2, fol. 87ʳ): « A. Pellitarius Procurator. Fuit receptus vicesima 3ᵃ octobris Magister Ludouicus Durandus diocesis Glandatensis et soluit 1 Δ. Eodem die fuit receptus Magister Michaletus de nostra domina diocesis auinionensis soluit 1 Δ » [A. Pelletier Procureur. A été reçu le 23 octobre Maître Louis Durand du diocèse de Glandèves et il a payé 1 écu. Le même jour a été reçu Maître Michelet de Nostre Dame du diocèse d'Avignon; il a payé 1 écu]. Même date du 23 octobre dans le *Liber Procuratoris* (S 19, fol. 105ᵛ). Comme son condisciple Durand, Nostre-Dame est

choisissait son « patron »[5]. Il fut plus tard rayé du « Livre des étudiants » par un autre procureur, Guillaume Rondelet (Rondellet), élu le 18 octobre 1530[6]. Celui-ci explique sa décision sur un ton grave, dans une note marginale du « Livre »: « Celui que tu vois ici rayé (écoute, Lecteur!) était un apothicaire ou un pharmacopole ». Il précise qu'il a eu la preuve de ce fait par un apothicaire de la ville de Montpellier et par les étudiants, qui ont entendu ce personnage médire des professeurs. « C'est pourquoi, conclut-il, par un décret, selon le statut, sinon en droit, le résultat fut que je l'enlevais du registre »[7].

Dès lors, comme Rondelet exerça son mandat jusqu'au 2 mai 1531, l'étudiant ne fut exclu qu'au bout d'un an au moins[8]. Il eut donc le temps, en 1530 et peut-être même jusqu'en 1531, de suivre des cours et de participer à la vie de l'École. Ce ne fut qu'à la suite de dénonciations et d'une enquête que Rondelet décida l'exclusion, non sans avoir auparavant expliqué l'affaire, selon les règles, lors d'une assemblée mensuelle: à la fin de chaque mois, le procureur exposait devant les docteurs, le doyen (ou le chancelier) et les étudiants les diverses questions financières et disciplinaires[9]. Du reste, la note marginale de Rondelet est rédigée au passé: après avoir appliqué une décision officielle, il mit à jour le registre d'inscription. Notons à ce sujet qu'un ancien procureur, Étienne Lenesie

appelé « Magister » (maître ès arts). Gouron ne fait pas état de ce 3 octobre (*Matricule*, n° 943); à cette date, aucune inscription n'est mentionnée (*Matricule*, p. 57).

5. Pierre Brind'Amour, *Nostradamus astrophile* (Ottawa: Les Presses de l'Université d'Ottawa, 1993), p. 114; Ian Wilson, *The Man Behind the Prophecies* (New York: St Martin's Press, 2002), pp. 16–18; les fac-simile sont nombreux: Dr Edgar Leroy, *Nostradamus. Ses origines, sa vie, son œuvre* (au début du volume); I. Wilson, *The Man Behind the Prophecies*, p. 18; écriture et latin peu soignés; on note au début un lapsus étrange: « Ego pet [*sic*] [. . .] ».

6. Voir Germain, « Les Étudiants », p. 39, note 2. Il était, depuis le 11 janvier 1530, le vice-procureur de Hercule Rinart. « Rondellet » semble être la bonne orthographe, puisqu'il écrit et signe ainsi son nom. On sait que Rabelais se souvient de lui dans son « Rondibilis », *Tiers Livre*, chap. XXXI–XXXV.

7. Brind'Amour, *Nostradamus astrophile*, p. 114; Wilson, *The Man Behind the Prophecies*, p. 28, note 5; Bibliothèque Interuniversitaire de Montpellier: ms S 2, fol. 87[r]: « Quem vides hic – audi Lector – obliteratum fuit apotecarius siue φar[maco]pola [ms: « φarcapola »] et probauimus per Chan [?] apotecarium Vrbis huius per scolasticos qui illum male dicentem de doctoribus audiuerunt, quare decreto per statutum nisi in iure fuit vt illum tollerem de libro scolasticorum. Guillelmus Rondelletus procurator ». Dans le nom de l'apothicaire on ne lit que « chan »: peut-être s'agit-il de « Chancelier (Jean) », ancien consul des apothicaires: Louis Irissou, *La Pharmacie à Montpellier des origines aux statuts de 1572* (Paris: Occitania, 1935), p. 47. Dans la dernière phrase je dois la lecture des mots « nisi in iure fuit » à Jean Letrouit, que je remercie.

8. On ne peut donc prétendre que Nostradamus fut inscrit par Rondelet et qu'il fut exclu par lui peu après son arrivée: cf. Gouron, « La Réception » (1956), p. 374; *Matricule*, n° 943; Dulieu, *La Médecine à Montpellier*, II: *La Renaissance*, p. 403.

9. Germain, *La Renaissance à Montpellier* (Montpellier: J. Martel aîné, 1871), pp. 34–5.

(Levesie), fut lui-même rayé le 8 novembre 1529 « pour désobéissance aux statuts et parjure »[10]. Quelques jours avant lui, un autre étudiant subit le même sort[11]. N'oublions pas que le procureur, bachelier ou simple étudiant, jouait non seulement un rôle administratif, mais exerçait aussi des fonctions disciplinaires: il veillait au respect des règlements, traquait les empiriques[12] et pouvait même admonester les maîtres[13]. Dans son travail de surveillance et de police, il était secondé par la délation, comme le montre le cas de Nostradamus. Autre fait significatif: le 18 juillet 1532, un libraire de la ville dénonça un homme qui voulait acheter des livres de médecine sans avoir de diplômes et qui, à l'en croire, avait « pratiqué » en Espagne et en France[14].

Selon les statuts de l'École, Nostradamus est donc coupable de deux fautes graves: étudiant en médecine, il a exercé et continue d'exercer un métier subalterne, pratique, mercantile, indigne d'un futur médecin. Qui pis est, il s'est montré insolent à l'égard des maîtres[15]. Selon toute apparence, il a critiqué devant ses condisciples le savoir des professeurs sur la matière médicale. Or, les apothicaires, qui étaient soumis aux contrôles réguliers des médecins et qui avaient leur propre Collège ou corporation, n'admettaient aucun intrus[16]. À ce propos, nous lisons dans la *Matricule* qu'un étudiant ne fut admis qu'après avoir juré « qu'il n'avait jamais exercé l'art d'un parfumeur »[17].

Au reste, dans la préface de son *Opuscule*, qui fut publié sans doute dès 1552, Nostradamus confirme une partie des accusations: il écrit, dans un français orné de latinismes et d'hellénismes, qu'il s'est formé pendant huit ans « en la

---

10. Procureur du 15 août au 19 octobre 1529 (Germain, « Les Étudiants », p. 34; Gouron, *Matricule*, n° 894 « Stephanus Levesie » (9 août 1528)).

11. *Matricule*, n° 824: Claude Montmerault (diocèse de Bourges), inscrit sous Jean Schyron le 26 septembre 1526, fut rayé le 5 novembre 1529: « abbé de la jeunesse » (représentant des étudiants), il surveillait les régents, contrôlait leurs cours; il s'en prit même violemment à Schyron (Henri Jacoubet, « Sur quelques "inconnus" de la correspondance de Boyssoné », *Annales du Midi*, janvier (1932), 79–83 (p. 80)).

12. Germain, *La Renaissance à Montpellier*, pp. 73–4; « Les Étudiants », p. 66: le 11 septembre 1526, le procureur Jean Trémolet surprend un « empirique » devant le domicile du docteur Griffy; il le fait arrêter et condamner à une humiliation publique.

13. Voir Germain, *La Renaissance à Montpellier*, pp. 33–4; « Les Étudiants », pp. 32–40; *Du principe démocratique dans les anciennes Écoles de Montpellier* (Montpellier: Boehm et fils, 1881), pp. 8–9.

14. Germain, *La Renaissance à Montpellier*, p. 74; « Les Étudiants », p. 67.

15. Germain, *La Renaissance à Montpellier*, pp. 76–7.

16. Ibid., pp. 73–4.

17. Gouron, *Matricule*, n° 583: « Petrus Barbasto [...] juravitque nunquam exercuisse artem aromatary » (23 septembre 1518); *aromatarius*, parfumeur, droguiste ou épicier (vendeur d'épices); Symphorien Champier, *Le myrouel des Appothiquaires & pharmacopoles [...]* (Lyon: Pierre Mareschal, 1532), fol. Cii^r: « Aromatere ».

pharmaceutrie[18], & à la cognoissance & perscrutation des simples par plusieurs terres et pays despuis l'an 1521. iusques en l'an 1529 » et il justifie cette formation: il a parcouru sans cesse de nombreuses régions « pour entendre & sauoir la source & origine des planctes & autres simples concernans la fin de la faculté Iatrice »[19]. Si nous considérons les coutumes de l'apprentissage, Nostradamus apprit, dans le diocèse d'Avignon, le métier chez divers épiciers-apothicaires, qui lui assuraient aussi la subsistance et, après sa formation, il achetait, préparait et vendait ses drogues à des confrères ou à des patients[20]. En octobre 1529, ce maître ès arts était donc devenu apothicaire, sans rien ignorer des statuts de l'École.

* * *

Pour comprendre son esprit d'indépendance et son irrespect[21], lisons l'éloquente diatribe que le médecin lyonnais Symphorien Champier compose en 1528 contre les universités conservatrices, attachées à la tradition scolastique de la « question » et de la « dispute », aux doctrines des Arabes, surtout du « Prince » Avicenne, bref, à l'enseignement de ces sophistes bavards. De plus, ils restent fidèles aux vieilles thérapies, comme les clystères drastiques de scammonée, médecine d'origine orientale, toujours adultérée, très nocive. Aussi se montrent-ils indifférents ou hostiles à la renaissance de la science médicale, théorique et pratique, qui fleurit alors grâce aux nouvelles éditions et traductions d'Hippocrate, de Galien et de Dioscoride. Champier cite les noms des pionniers, les Italiens Alessandro Benedetti[22], Niccolò Leoniceno[23], l'Anglais

---

18. Hellénisme étrange: cf. *Pharmaceutria* (« magicienne »), Virgile, *Bucoliques*, VIII, d'après Théocrite, *Idylles*, II; Nostradamus veut dire « pharmacie »; *Excellent & moult utile Opuscule* [...] (Lyon: Jean Pullon et Antoine Vollant, 1555; Paris: chez Olivier de Harsy, 1556), p. 3; voir aussi pp. 205, 216. La préface au lecteur est datée du 1er avril 1552; sur la page de titre on lit: « de nouveau mis en lumière »; l'édition de 1555 est donc la seconde (Michel Chomarat-Jean-Paul Laroche, *Bibliographie Nostradamus* (Baden-Baden: Valentin Koerner, 1989), pp. 13–15); la première est peut-être de 1552 (Robert Benazra, *Répertoire chronologique nostradamique (1545–1989)* (Paris: La Grande Conjonction, 1990), pp. 3–4; Brind'Amour, *Nostradamus astrophile*, p. 475).

19. Nostradamus, *Excellent & moult utile Opuscule*, p. 3; on lit le mot « planetes » (1555, 1556), à corriger en « planctes » ou « plantes »; « la faculté Iatrice » signifie « l'art médical »; p. 216: « la faculté de pharmaceutrie » signifie « l'art de la pharmacie »; p. 217: « la parfaite faculté de medicine ».

20. Irissou, *La Pharmacie à Montpellier*, p. 61: formation de sept ans au moins.

21. Sur l'importance du respect, voir Germain, *La Renaissance à Montpellier*, pp. 36–7.

22. Sur ce médecin helléniste (*ca.* 1452–1512), voir Giovanna Ferrari, *L'Esperienza del passato. Alessandro Benedetti, filologo, e medico umanista* (Florence: Olschki, 1996).

23. Sur ce docte médecin de Ferrare (1428–1524), voir le *Dizionario Biografico degli Italiani*, LXXVIII (2013).

Thomas Linacre[24] et les deux maîtres parisiens, Guillaume Cop[25] et Jean Du Ruel, tout en raillant les arabistes qui sévissent encore à Montpellier ainsi qu'à Padoue et à Pavie[26].

Il vise en fait sa bête noire, son ancien condisciple de Montpellier, le docteur-régent Jean Falcon, élu doyen en 1529[27]. Voici le jugement qu'il porte sur ce confrère en 1532 / 1533: il le place, après la première classe des humanistes, dans la seconde section des « médecins qui ont écrit dans un langage ordinaire » et il cite en premier lieu « Jean Falcon, autrefois mon collègue, un Espagnol, un sophiste remarquable pour la médecine questionneuse et un quodlibétaire exceptionnel »[28]. Cet éloge empoisonné nous montre dans ce doyen un parfait scolastique[29].

Mais, dira-t-on, certains étudiants hellénistes choisissent Montpellier plutôt que Paris. C'est ainsi que Jacques Dubois (Jacobus Sylvius), humaniste connu[30], ami de Champier et de Jérôme de Monteux[31], s'inscrit à Montpellier, le 20 novembre 1529, pour obtenir, neuf jours plus tard, le grade de bachelier et,

---

24. Sur ce médecin helléniste (*ca.* 1460–1524), voir notamment *Contemporaries of Erasmus*, dir. par P. G. Bietenholz et Th. B. Deutscher, 3 vols (Toronto: University of Toronto Press, *ca.* 2003), II, pp. 331–2.

25. Sur ce docteur régent, originaire de Bâle (*ca.* 1466–1532), voir Ernest Wickersheimer, *Dictionnaire biographique des médecins en France au Moyen Âge* (Genève: Droz, 1979), pp. 235–7; *Contemporaries of Erasmus*, I, pp. 336–7. Il eut quatre fils, Michel, Nicolas (ou Nicole), Jean et Luc; le plus connu est le médecin Nicolas (qui meurt en 1540), ami de Calvin.

26. *Symphonia Galeni ad Hippocratem* [...] *Item Clysteriorum Campi contra Arabum opinionem pro Galeni sententia ac omnium græcorum medicorum doctrina* [...] (s.l.n.d.), p. 19 (voir notre article « Symphorien Champier et Rabelais. La question des clystères », *Bibliothèque d'Humanisme et Renaissance*, 76:1 (2014), pp. 17–19).

27. D'origine aragonaise, il est nommé régent dès 1503 (Gouron, *Matricule*, p. 4); il est toujours vivant en 1541: Wickersheimer, *Dictionnaire biographique des médecins*, pp. 398–9; V. L. Saulnier, « Médecins de Montpellier au temps de Rabelais », *Bibliothèque d'Humanisme et Renaissance*, 19 (1957), 425–79 (p. 458).

28. *Annotatiunculæ*, fol. xlix[v]: « In alio genere, hoc est qui communi sermone scripserunt. Ioannes Falconius olim collega meus Hispanus Quæstionariæ medicinæ egregius sophista, ac insignis Quodlibetarius ». Liste reprise dans le *Gallicum Pentapharmacum* de Symphorien Champier (Lyon: excudebant Melchior et Gaspar Trechsel fratres, 1534), p. 76.

29. Sur le rôle du doyen, « chargé de la direction de l'enseignement », voir Germain, *La Renaissance à Montpellier*, p. 34.

30. Il est l'auteur d'un long poème latin en l'honneur du Camp du Drap d'Or: voir *Francisci Francorum regis et Henrici Anglorum colloquium (Paris, Josse Badius, 1520)*, éd. et trad. par S. Bamforth et J. Dupèbe (*Renaissance Studies*, 5:1–2 (1991)), 1–237.

31. Voir sa lettre à Monteux à la fin du livre de ce dernier, *Opuscula iuvenilia* (Lyon: Jean de Tournes et Guillaume Gazeau, 1556); elle est datée du « collège de Cambrai à Paris, 1527 ».

l'année suivante, celui de docteur[32] sous la direction de Jean Schyron[33]. Remarquons que cet étudiant, qui possède déjà une bonne formation médicale, n'est pas immatriculé à la Faculté de Paris. Divisée entre avicennistes et hellénistes, elle reste, elle aussi, fidèle aux exercices traditionnels. De plus, ce sont les maîtres qui jouent en son sein un rôle décisif, non les étudiants comme à Montpellier[34]. C'est pourquoi Dubois préfère suivre des cours privés auprès d'un docteur-régent humaniste, Jean Tagault[35], sans doute dès 1526 jusqu'en 1529; il le désigne comme son « maître ». Il part ensuite pour Montpellier, muni, selon l'usage, des lettres testimoniales sur ses études[36]. Ajoutons enfin qu'il est d'un âge mûr (il a quarante ans environ) et qu'il connaît aussi bien, comme le prouve son œuvre, la science des Arabes et de leurs commentateurs que celle des Anciens et des novateurs. Docte, conciliant, respectueux, il coiffe sans tarder le bonnet doctoral.

Pourtant il évite l'École de Paris. Dès son retour dans la capitale en octobre 1530, il commence à donner un cours privé chez un ami chirurgien. Il est aussitôt dénoncé et, à la requête d'un régent, sans doute hostile à Tagault, la Faculté lui interdit cette initiative. Le doyen rédige un texte méprisant sur « un certain

---

32. Sur ce médecin, natif de Lœuilly (diocèse d'Amiens) vers 1489 et mort à Paris en 1555, voir Stephen Bamforth et Jean Dupèbe, « Médecins », *Prosateurs latins en France au XVIe siècle* (Paris: Presses de l'Université Paris-Sorbonne, 1987), pp. 601–4; Gouron, *Matricule*, no 950. Il est à Lyon en août 1530 pour participer à une dispute médicale avec Champier et Monteux sur la question de savoir si l'on peut administrer du vin à des fébricitants: Champier, *Officina Apothecariorum* [...] (Lyon: Jean Crespin, 1532), « Quæstio de Vini exhibitione in febribus ab Iacobo Syluio Ambianate ædita », fol. Lv–LIIIr; à la fin: « Lugduni Calen. Sextilibus. M. CCCCC XXX » (1er août 1530).

33. Jean Drulholes dit Esquiron ou Schyron, natif d'Anduze (diocèse de Nîmes), docteur en 1521: Gouron, *Matricule*, no 416; dans les documents, son nom latinisé prend les formes *Schirronius, Scurronius, Squirronius, Schyronius*: Dr Gordon, *F. Rabelais à la Faculté de médecine de Montpellier* (Montpellier-Paris: Hachette, 1877), pp. 24, 48 (« Scurronio »), p. 53; voir aussi Saulnier, « Médecins de Montpellier au temps de Rabelais », p. 473. Il n'est donc pas sûr que Rabelais, en nommant « Le noble Scurron » (*Quart Livre*, chap. XLIII), joue sur le nom.

34. Voir Germain, *Du principe démocratique*, p. 4: « L'Université de Paris était une université de maîtres, et non d'étudiants ».

35. Il est docteur régent dès 1524: *Commentaires de la Faculté de Médecine de l'Université de Paris (1516–60)*, éd. par Marie-Louise Concasty (Paris: Imprimerie nationale, 1964), p. 92a. Sur ce maître (?–1546), voir Franco Giacone dans son édition de Jean Tagault fils, calviniste, réfugié à Genève: *Odes à Pasithée* (Genève: Droz, 1995), pp. XV–XXVIII. Voir aussi *Ioannis Mesuae Damasceni, De re medica libri tres, Iacobo Syluio Medico interprete* (Paris: C. Wechel, 1542), épître dédicatoire à Etienne Poncher, évêque de Bayonne: « [...] Ioannes Tagaultius mihi in re medica praeceptor undequaque absolutus [...] ».

36. Quatre ans environ: *Commentaires de la Faculté*, pp. V–VI.

individu nommé Dubois », dépourvu de diplômes parisiens[37]. L'étudiant doit
attendre 1532 pour que la Faculté daigne lui accorder, après avoir entendu sa
supplique éloquente et contrôlé ses attestations, le grade de bachelier, mais il
n'obtiendra jamais celui de docteur parisien[38].

Autre objection: les études de Rabelais. Rappelons deux dates[39]. Immatriculé à
Montpellier le 17 septembre 1530, il est promu au grade de bachelier[40] le 1er
décembre[41], ce qui suppose des certificats sur sa maîtrise ès arts et des études
médicales auprès d'un maître, depuis au moins 1526[42]. Toutefois, étrangement, il
quitte, en 1532, l'Université pour l'Hôtel-Dieu de Lyon, sans attendre d'être
promu à la licence ni au doctorat.

Comment comprendre l'interruption de ses études? Relisons, dans son
Pantagruel (1532), ses railleries sur les médecins de Montpellier: son héros
« se cuyda mettre à estudier en medecine: mais il considéra que l'estat estoit
fascheux par trop et melancolicque et que les médecins sentoient les clystères
comme vieulx diables »[43]. Loin de céder à des lazzi de carabin, le bachelier
adopte les critiques de Champier. De plus, la même année, dans l'épître qu'il
adresse à André Tiraqueau pour la nouvelle édition du second tome des *Epistolæ
medicinales* de Giovanni Manardi, il ne se contente pas de reprendre les idées,
voire les mots de Leoniceno, de Champier et surtout de Leonhart Fuchs[44];

---

37. Ibid., p. 168[b] (15 octobre 1530): « Et supplicuit honorandus ma. Petrus Rozée ut
     prohiberetur cuidam vocato Sylvio legenti in domo cuiusdam vocati Magri [Magistri; éd.:
     Magni] Guillelmi cyrurgi ne amplius legeret [...] ». Son ami chirurgien était Guillaume
     Le Vavasseur.
38. Ibid., pp. 197[b]–8[a] (8 juin 1532). Les régents apprécient l'éloquence de sa requête. Erreur
     de date dans Gouron, *Matricule*, n° 950.
39. Voir les documents transcrits et reproduits dans Gordon, *F. Rabelais à la Faculté de
     médecine de Montpellier*; voir aussi Germain, *La Renaissance à Montpellier*, p. 17; Jean
     Plattard, *Vie de François Rabelais* (Paris et Bruxelles: Éditions G. Van Oest, 1928), p. 77;
     Mireille Huchon, *Rabelais* (Paris: Gallimard, 2011), p. 117.
40. Comme Dubois, il prend pour patron Jean Schyron.
41. Germain, *La Renaissance à Montpellier*, p. 17: non le 1er novembre, jour férié; Gouron,
     Matricule, n° 964.
42. Sur l'examen des attestations, voir Germain, *La Renaissance à Montpellier*, p. 43; celles
     des étudiants parisiens étaient examinées avec bienveillance.
43. *Pantagruel*, chap. V, éd. par V. L. Saulnier (Genève: Droz, 1965), p. 29. [= « Il songea
     à commencer l'étude de la médecine, mais il considéra que cette profession était
     absolument insupportable et déprimante et que les médecins sentaient les clystères
     comme de vieux diables », c'est-à-dire « puaient ».]
44. Voir, par exemple, dans ses *Errata recentiorum medicorum. LX. numero* (Haguenau:
     Johann Setzer, 1530), son épître dédicatoire et sa préface; il plagie très souvent
     Leoniceno, qu'il admire.

sa verve satirique se déchaîne en des périodes oratoires très élaborées[45] contre les médecins obscurantistes, ces imposteurs qui, condamnés à un naufrage inéluctable, se cramponnent désespérément à leur fausse science. En 1534, dans son *Gargantua*, il dénonce avec mépris « un tas de badaulx medicins herselés en l'officine des Arabes »[46]. Il vise toujours les vieux avicennistes de Montpellier.

Or, en 1531, on le sait, le nouveau bachelier a consacré ses « leçons »[47] à l'explication philologique et médicale de deux classiques de la Faculté, les *Aphorismes* d'Hippocrate et l'*Ars parva* de Galien en se fondant, non sur les anciennes traductions latines, mais sur le texte grec et en consultant d'un œil critique les traductions récentes. Innovation remarquable: il a voulu d'emblée rompre avec la *lectio* traditionnelle par une exégèse digne d'un médecin helléniste appartenant à l'élite des novateurs[48]. Pour se flatter de ce coup d'éclat, il écrit, quelques mois plus tard à Lyon, qu'il a parlé dans « une salle comble » (« frequenti auditorio »)[49]. Précisons que l'assistance à ces leçons était obligatoire[50]. En tout cas, une question se pose: pourquoi manifester ainsi, en 1532, un tel ressentiment au lieu de louer Montpellier de lui avoir donné l'occasion de renouveler l'enseignement de la médecine?

Une autre question vient à l'esprit: combien d'étudiants, combien de maîtres étaient capables en 1531 de comprendre l'exégèse du brillant helléniste? Sans nul

---

45. L'expression « amores isti nostri » me semble énigmatique, malgré les beaux efforts des traducteurs; je corrigerais volontiers en « maiores isti nostri »: « ces aînés-là qui sont les nôtres ».

46. *Gargantua*, chap. XXI, éd. par M. Screech (Genève: Droz, 1970), p. 154: c'est-à-dire, « un tas de médecins stupides harcelés dans la boutique (ou « l'atelier ») des Arabes ». Ils sont « harcelés » par les exercices scolastiques. Voir R. Estienne, *Dictionarium* (Paris: Robert Estienne, 1531): « Officina [...], Locus vbi aliquid fit, hoc est vbi operarii opera sua faciunt. Vng ouuroir ou bouticle. »

47. Voir Gordon, *F. Rabelais à la Faculté de médecine de Montpellier*, pp. 10, 19–20: selon les statuts, il y avait trois mois de « Leçons », appelées « Leçons du Cours », les leçons des professeurs ou « grand ordinaire » duraient du 18 octobre jusqu'au dimanche des Rameaux, les leçons des bacheliers ou « petit ordinaire » du lundi de Quasimodo jusqu'à la Saint-Jean (24 juin): Germain, *La Renaissance à Montpellier*, p. 38; Plattard, *Vie de François Rabelais*, p. 79; Huchon, *Rabelais*, p. 112.

48. Voir Plattard, *Vie de François Rabelais*, pp. 79–81.

49. Epître dédicatoire à Geoffroy d'Estissac: *Hippocratis ac Galeni aliquot libri* [...] (Lyon, S. Gryphe, 1532); François Rabelais, *Œuvres complètes*, éd. par M. Huchon et F. Moreau (Paris: Gallimard, 1994), p. 983; sur *auditorium*, voir Robert Estienne, *Dictionarium*: « Auditorium [...]. Le lieu ou on oit prescher, ou lire publicquement, ou disputer [...] ». C'est donc la salle où les étudiants (*auditores*) viennent écouter le maître faire son cours (« lire publicquement »); ibid.,: « Frequens auditorium, Vne grande affluence de gens pour escouter ». Il renvoie à une lettre de Pline (II, xviii).

50. Germain, *La Renaissance à Montpellier*, p. 38.

doute très peu. De là cette hypothèse raisonnable: le doyen Falcon, alerté par le procureur des étudiants et appuyé par quelques collègues, s'est offusqué de l'outrecuidance de ce bachelier: on décida de l'écarter. C'est pourquoi, quelques mois plus tard, Rabelais donne publiquement libre cours à sa rancœur. Il doit attendre cinq ans la mise au pas de la vieille garde et les progrès des « bonnes lettres » pour être promu à la licence et au doctorat[51]. Ajoutons qu'à Paris, sous le décanat de Tagault, Dubois est autorisé, au début de 1536, à régenter dans une salle de l'École, mais ce docteur de Montpellier ne peut appartenir au corps des régents[52].

* * *

Nostradamus a-t-il bénéficié de cette embellie pour obtenir ses grades à Montpellier? Outre que l'exclusion était une mesure disciplinaire très grave[53], aucun document n'autorise à conjecturer qu'elle fut abolie; on cherche d'ailleurs en vain par quelle procédure ou par quel privilège[54]. Pour étayer cette conjecture, on allègue les éloges emphatiques qu'il prodigue, dans son *Opuscule* (1552 / 1555), à cette Université et à quelques docteurs réputés, notamment à « M. Guillaume Rondelet »[55]. Mais il ne dit jamais à ce propos qu'il a lui-même étudié dans cette fameuse École: silence éloquent! En réalité, il veut montrer ses bonnes relations d'humaniste pour que son recueil de recettes mérite l'estime de doctes bien en cour. C'est aussi dans cet esprit qu'il écrit un français qui sent parfois l'amphigouri, qu'il parsème son texte de digressions pédantes, de citations latines, d'allusions à la mythologie, à la littérature, à l'histoire de l'Antiquité et qu'il publie à la fin du traité sa traduction française d'une lettre d'Ermolao Barbaro.

Pourtant, dans ce même recueil, ses hommages à Jules-César Scaliger, qu'il a connu dès 1534 dans la ville d'Agen, méritent toute notre attention[56]. Dès le

---

51. 3 avril et 22 mai 1537: Gordon, *F. Rabelais à la Faculté de médecine de Montpellier*, p. 26, sous Antoine Griffy, neveu du chancelier Gilbert Griffy (p. 28), non le fils: Gouron, *Matricule*, n° 926. Rabelais explique sur le texte grec les *Pronostics* d'Hippocrate: Germain, *La Renaissance à Montpellier*, p. 18; Gordon, *F. Rabelais à la Faculté de médecine de Montpellier*, pp. 27–30; trois maîtres, dont Antoine Griffy, choisissent Avicenne et Rhazès (Razi) pour leur « ordinaire ».

52. *Commentaires*, p. 255[a] (27 janvier 1536 n. st.).

53. Dulieu, *La Médecine à Montpellier*, II: *La Renaissance*, p. 49.

54. Cf. Leroy, *Nostradamus. Ses origines, sa vie, son œuvre*, pp. 58–9; Denis Crouzet, *Nostradamus. Un médecin des âmes à la Renaissance* (Paris: le Grand livre du mois, 2011), p. 419. Les deux étudiants exclus en 1529 (Montmerault et Levesie) ne figurent plus sur la *Matricule*.

55. Nostradamus, *Excellent & moult utile Opuscule*, p. 217; Brind'Amour, *Nostradamus astrophile*, pp. 116–17.

56. Voir Michel Magnien, *Jules-César Scaliger, Duæ orationes contra Erasmum* (Genève: Droz, 1999), pp. 237–40.

début du traité, il évoque cet « home scavant & docte, un second Marcile Ficin en philosophie Platonique, bref un personnaige que[57] ie ne le scaurois à qui accomparer, sinon à un Plutarque, ou Marc Varron [...] »[58]. Vers la fin de l'ouvrage, il répète ses louanges, affirmant qu'il a trouvé en Scaliger à la fois un professeur de médecine et un parfait humaniste qui lui a révélé les trésors de la culture antique ainsi que les mystères de la philosophie de Ficin. Aussi éprouve-t-il pour ce maître incomparable une gratitude bien plus grande que pour les docteurs expérimentés auprès desquels il ne cesse de travailler[59]. Dans sa vieillesse, en 1563, cinq ans après la mort du fameux professeur, il unit sa voix à celle d'un confrère d'Agen[60] pour honorer la mémoire du grand Véronais.

Scaliger réunissait autour de lui plusieurs étudiants en médecine[61]. Il est donc probable que Nostradamus fréquenta ses cours pendant deux ou trois ans jusqu'au niveau du baccalauréat. Comme il ne nomme jamais la Faculté où il obtint la licence et le doctorat, gageons qu'elle n'avait pas le lustre de Montpellier. Nous sommes tenté de citer celle de Bordeaux en raison d'un indice intéressant. Il raconte qu'en 1539, il se trouvait chez un riche apothicaire de la ville en compagnie d'un médecin, Jehan de Tarrega. Or, celui-ci était le fils de Gabriel de Tarrega, mort en 1536, docteur-régent réputé et l'un des anciens de cette École. Cette relation avec un notable bordelais indique sans nul doute que Nostradamus était alors lui-même docteur, peut-être aussi qu'il reçut le bonnet doctoral dans cette Faculté[62].

---

57. Tel que.

58. Nostradamus, *Excellent & moult utile Opuscule*, p. 12.

59. Ibid., pp. 218–19: « J'ay autrefois pratiqué [...] la plus grand part au pays d'Agenois: Agen mesmes la ou la faculte de Medicine estoit souuerainement faite, & a esté resuscitée en son plus haut degré, non pas tant seulement la Medicine, mais toute Philosophie Platonique, depuis la venue de Iulius Cæsar Squaliger, que ie ne sçay si [en] son ame seroit point le pere de l'éloquence Cicero, en la parfaite et supreme poësie vn second Maro, en la doctrine de Medicine deux Galiens, de qui ie me tiens plus redeuable que de personnaige de ce monde, & plus de precepteurs meurs auxquelz perpetuellement ne fais que vacquer » ([en]: addition de Magnien, *Jules-César Scaliger*, p. 238).

60. Voir Nostradamus, *Lettres inédites* (Genève: Droz, 1983), pp. 148–50: lettre du médecin Johannes Bergius; il s'agit de Jean Bergès: Bordeaux, Archives Départementales de la Gironde, 3E 4455, fol. 192[r] (17 février 1558); il est marié à Anne de Godailh; il signe « J. Berges ».

61. Plattard, *Vie de François Rabelais*, p. 65.

62. Nostradamus, *Excellent & moult utile Opuscule*, pp. 110–11: « Johannes Tarraga »; sur Gabriel de Tarrega, juif ou marrane d'origine catalane (*ca.* 1468–1536), docteur-régent à Bordeaux dès 1496, et sur son fils Jehan, voir Wickersheimer, *Dictionnaire*, pp. 162–3, et Alexandre-Alfred Chabé, *La Faculté de Médecine de Bordeaux aux XVe et XVIe siècles* (Bordeaux: de Bière, 1952), pp. 6–41, 54–5.

* * *

À son admiration pour quelques médecins hellénistes il mêle une grande estime pour certains apothicaires qu'il cite dans son *Opuscule*, même s'il juge sévèrement l'inexpérience et l'immoralité d'un grand nombre de pharmacopoles[63]. Entre les deux professions on ne discerne sous sa plume aucune hiérarchie. Ce sont des collaborateurs. Une telle attitude s'explique par sa propre formation et par une tradition propre à la Provence et à l'Italie[64]. Jacques Dubois en fit la découverte lors de son séjour à Montpellier. Dans l'un de ses traités, il invite ses confrères parisiens à l'adopter. Ils croient, écrit-il, qu'il est indigne d'un docteur d'entrer chez un apothicaire. Il leur conseille, au contraire, de suivre l'antique coutume des Provençaux et de s'asseoir dans une officine pour observer la préparation des médicaments[65].

L'*Opuscule* révèle un praticien familier des traités traditionnels tels que le *Canon* d'Avicenne (liber II, tractatus ii) et doté d'une une vaste connaissance empirique des drogues simples et composées, dans le domaine des plantes, des substances animales, des métaux, des métalloïdes, des pierres et des gemmes[66]. Ce Provençal est aussi un chimiste, expert dans l'art de la distillation[67]. Il dispose, dans son officine de Saint-Rémy ou de Salon, d'appareils tels que « l'alembic de verre », la cornue, le mortier de marbre et tous les autres ustensiles nécessaires au chimiste et dont il précise parfois l'utilisation[68].

Fidèle à la tradition des antidotaires[69], son traité des fards et des confitures offre une gamme très variée de compositions touchant à la beauté et à la cuisine, à l'hygiène, à la santé physique et morale, voire au plaisir vénérien. Exhibant sur ce

---

63. Nostradamus, *Excellent & moult utile Opuscule*, pp. 98–9.

64. Voir Richard Palmer, « Pharmacy in the Republic of Venice in the Sixteenth Century », in *The Medical Renaissance of the Sixteenth Century*, dir. par A. Wear, R. K. French et I. M. Lonie (Cambridge: Cambridge University Press, 1985), pp. 100–17.

65. Jacobus Sylvius, *De medicamentorum simplicium delectu* (Paris: Jacques Gazeau, 1542), dans l'avis au lecteur: « [...] a medici dignitate alienum putant in medicamentarias officinas diuertere, ibi aliquandiu sedere, quæ componuntur obseruare. Quae consuetudo, ut in Gallia Narbonensi est antiquissima, utinam hic saltem nunc inciperet ac procederet [...] ».

66. Voir Jean-Pierre Bénezet, *Pharmacie et médicament en Méditerranée occidentale (XIIIᵉ–XVIᵉ siècles)* (Paris: Champion, 1999), p. 485 sqq.

67. Nostradamus, *Excellent & moult utile Opuscule*, pp. 15–16, 34, 43–6; sur la distillation, voir Bénezet, *Pharmacie et médicament en Méditerranée occidentale*, pp. 289–305.

68. Voir, par exemple, Nostradamus, *Excellent & moult utile Opuscule*, p. 45: « [...] un alembic de verre avec sa chappe de verre [...] »; p. 34: « pillon et spatule de bois », « mortier de marbre », etc. (Bénezet, *Pharmacie et médicament en Méditerranée occidentale*, pp. 276–90).

69. Comme le livre V du *Canon* et le *Grabadin* de Mésué: les confitures (*condita*) font partie des compositions.

sujet une érudition de lettré, il révèle la formule de l'authentique philtre des Anciens[70]. Cette formule d'aphrodisiaque nous donne de Nostradamus l'image d'un esprit libre, peu sensible à certains scrupules religieux. En outre, la complexité de certaines d'entre elles semble indiquer qu'il disposait, près de son officine, d'un important magasin de drogues et qu'il était secondé par un préparateur compétent.

Il propose souvent des remèdes de luxe, qu'il destine à une clientèle de haut rang. L'exemple le plus édifiant à ce sujet est l'énorme recette d'une composition fortifiante, sorte d'elixir de jouvence et de remède antidépresseur qu'il envoie à l'évêque de Carcassonne, affligé de mélancolie[71]. Il précise d'ailleurs à propos d'une crème de beauté que « le present Opuscule a esté redigé à la requeste d'une grand princesse »[72]. Dès les années 1540[73], Nostradamus est donc un praticien apprécié d'une clientèle fortunée.

Notons aussi qu'il ne porte jamais, sur l'abondante matière médicale qu'il utilise, le regard critique d'un Leoniceno, d'un Manardi, d'un Champier ou d'un Fuchs. Ainsi, sur le lapis-lazuli, remède controversé, il se soucie seulement de sa qualité: s'il refuse celui des apothicaires, il conseille celui des lapidaires et des orfèvres[74]. De plus, il ne rejette nullement, pour des motifs religieux ou scientifiques, les médecines exotiques. Dans son chapitre sur la confiture de gingembre vert, il précise qu'elle se fait avec du gingembre dit « mecquin » parce qu'il provient de La Mecque « ou Mahomet est ensevely »[75]. On imagine mal une telle précision de la part d'un médecin parisien.

Considérons enfin une autre substance: l'ambre gris, c'est-à-dire « le sperme de baleine »[76]. À Bordeaux, Nostradamus en a découvert une variété inconnue jusqu'alors, l'ambre noir, dont les paysans de Guyenne font commerce[77]. Il en a

---

70. Nostradamus, *Excellent & moult utile Opuscule*, I, chap. XVIII, pp. 69–74: « *Pour composer au uray le poculum amatorium ad Venerem duquel usoient les anciens au faict d'amour.* La façon pour faire les beuandes amoureuses que communement les Grecs appelloient philtra, & les Latins poculum amatorium […] ».

71. Ibid., I, chap. XXVI, pp. 92–7, pour Ammanien de Foix.

72. Ibid., I, chap. XXV, n. 92.

73. Il est sollicité par les autorités d'Aix lors de la peste de 1546 (ibid., I, chap. VIII, p. 50): « […] ie fus esleu & stipendié de la cité d'Aix en Prouence […] ». Il soigne les malades par sa « poudre de senteur » qui purifie l'haleine.

74. Ibid., pp. 94–5: il précise qu'il doit être lavé neuf fois (« […] lapidis lazuly loti nouies […] »).

75. Ibid., II, chap. XII, p. 162.

76. Rabelais, *Pantagruel*, chap. XV (1532) éd. par Saulnier: « […] sperme de baleine qu'on appelle ambre gris ». Mais voir les doutes de S. Champier, *Castigationes*, 2 parties en 1 vol. (Lyon: apud J. Crespin, 1532), I, xxxii, fol. XLVII^v, et *Cribratio medicamentorum* (Lyon: Sébastien Gryphe, 1534), II, p. 37.

77. Nostradamus, *Excellent & moult utile Opuscule*, pp. 110–11

vu notamment, en 1539, deux échantillons apportés par l'un d'eux chez l'apothicaire où il se trouvait avec le docteur Tarrega et deux autres notables. Selon ce paysan[78], l'ambre gris, déposé sur les rivages de l'Océan peu après le solstice d'hiver, est avalé par les renards qui en sont friands et qui l'expulsent aussitôt « tout rond et tortu en estron de chien ». Si l'on en croit Nostradamus, ce villageois affirmait aussi que c'était « l'apostème d'un poisson marin ». Il est douteux que cet homme, qui parlait sans nul doute un français mâtiné de patois, ait utilisé ce terme savant[79]. Notre médecin veut montrer le sérieux de son fournisseur et la valeur de cette précieuse déjection: selon lui, elle dissipe l'odeur nauséabonde d'une teinture capillaire merveilleuse dont il donne la formule[80]. Curieusement, l'idée très simple que ce commerce n'est qu'une escroquerie ne semble pas effleurer ces doctes.

* * *

Cette scène nous révèle un Nostradamus plus attentif aux boniments de quelques paysans qu'aux exigences de la raison. Rien d'étonnant, puisque, depuis l'âge de vingt ans, il s'est formé à une connaissance empirique de la nature, dont il n'a cessé de scruter la richesse et les mystères au cours de ses nombreux voyages, notamment dans des villes portuaires. C'est cette curiosité précoce et inlassable qui se dévoile dans son *Opuscule*. Par cet ouvrage, il renouvelle la mode des recueils de secrets et de recettes, comme le prouvent ceux d'Alexis le Piémontais et d'Antoine Mizauld. En outre, l'alchimiste Jacques Gohory, dans son *Compendium* sur la philsophie de Paracelse, se réfère deux fois à l'*Opuscule*[81]. De nos jours, l'historien de la chimie J. R. Partington attribue à Nostradamus la découverte de l'acide benzoïque par sublimation, alors qu'on l'accordait à Blaise de Vigenère. Selon cet historien, même Andreas Libavius se serait inspiré du médecin de Salon[82]. En somme, la renommée de ce praticien très expérimenté ne requiert nullement l'hypothèse romanesque d'un doctorat de Montpellier.

---

78. Nostradamus précise que ce paysan est de Castillon, aujourd'hui Castillon-la-Bataille.
79. Nostradamus, *Excellent & moult utile Opuscule*, p. 111; voir R. Estienne, *Dictionarium*: « APOSTEMA [...] græca dictio, Apostume ».
80. Nostradamus, *Excellent & moult utile Opuscule*, p. 112.
81. *Theophrasti Paracelsi Philosophiae et medicinae utriusque uniuersae Compendium, Auctore Leone Suavio I. G. P.* (Paris: In aedibus Rovilii, 1567), p. 354: « e libro M. Nostradami de unguentis »; p. 367: « necnon ex libro recenti Nostradami de fucis et unguentis mulieribus ». Sur le *Compendium*, voir Didier Kahn, *Alchimie et paracelsisme en France à la fin de la Renaissance (1567–1625)* (Genève: Droz, 2007), pp. 149–50.
82. J. R. Partington, *A History of Chemistry*, 3 vols (Londres: Macmillan, 1962), III, p. 16.

Nottingham French Studies 56.3 (2017): 309–322
DOI: 10.3366/nfs.2017.0193
© University of Nottingham
www.euppublishing.com/nfs

WHAT DID MATTHIEU BEROALD TRANSMIT TO FRANÇOIS BÉROALDE DE VERVILLE?

NEIL KENNY

We understand much about the ways in which texts and the knowledge they contained were transmitted in the early modern period. But we understand less about how the transmission of texts and knowledge related to other kinds of transmission. Families helped give social status to their members by passing on tangible goods (wealth and property) and less tangible ones (such as name and reputation). How did textual transmission fit in with that broader process? I explore that question in relation to the Calvinist scholar Matthieu Beroald and his son François Béroalde de Verville. The attempt draws gratefully on Stephen Bamforth's pioneering work on François.

What, in a nutshell, did Matthieu transmit to François, formally and informally? The orphan Matthieu, born in about 1523 and son of a barber-surgeon (Simon Brouart), had been taken under the wing of a maternal relative at the Collège du Cardinal Lemoine – François Vatable, who later became the inaugural royal Professor of Hebrew. Vatable apparently got Matthieu to replace 'Brouart' with 'Beroaldus', a name that his own son François would subsequently augment further. Matthieu ended up as Professor of Philosophy at the Geneva Academy, where he died in 1576. François was born in 1556.[1]

In terms of wealth and material assets, Matthieu seems to have bequeathed very little to François. The testament that an ailing Matthieu wrote during the siege of Sancerre in September 1572 stated that almost all of his assets were in Montargis (the town some 100 kilometres south of Paris that was a Huguenot haven, thanks to Renée, duchess of Ferrara, and where Matthieu had left his family). The testament stipulates that those assets should be sold and the proceeds

---

1. On Vatable, Matthieu and François, see V.-L. Saulnier, 'Étude sur Béroalde de Verville: Introduction à la lecture du *Moyen de parvenir*', *Bibliothèque d'Humanisme et Renaissance*, 5 (1944), 209–326. On Vatable, see Dick Wursten, 'François Vatable, So Much More Than a "Name"', *Bibliothèque d'Humanisme et Renaissance*, 73:3 (2011), 557–91. For Matthieu's name change, see his testament, in the collection of his papers in the Bibliothèque nationale de France, *Mélanges littéraires et historiques* [*Manuscrits Dupuy*], vol. 630, sigs 157^r–82^v <http://gallica.bnf.fr/ark:/12148/btv1b54100412j/f323.image> [accessed 27 April 2017] at 157^v.

shared equitably between Matthieu's second wife (Jeanne Pasquier) and the children from his first and second marriages, including his eldest son 'François Beroald'. Matthieu's first marriage produced three children and his second six. His testament's phrasing implies that the legacy is modest ('a fin qu'ilz ayent de quoy subvenir à leurs necessitez').[2] After Matthieu's eventual death four years later, the twenty-year-old François did inherit unknown assets. But at the age of twenty-seven he gave them all away to his three surviving siblings – his half-sisters Marie, Anne and Renée – aged from about ten to sixteen.[3] Whatever the reasons for this gift – at a time when François seems to have attracted patronage[4] and when the girls, who had been orphans for seven years, probably had few other resources – it is likely that it left François himself wholly reliant on any income he could generate.

Another vital, if less tangible, instruction to executors in Matthieu's will was that his son François should persist with his studies: 'que l'on fasse estudier françois Beroald [. . .]'.[5] Matthieu had already transmitted much learning to François both directly and indirectly, as Vatable had done previously to Matthieu. Direct transmission occurred for example through the early education given by Matthieu to François (and others) at Matthieu's home. That it was a remarkable education is suggested by the fact that three of these pupils ended up as major writers: L'Estoile and Agrippa d'Aubigné as well as François. More indirectly, it is probable that François studied at some of the institutions at which his father had taught between 1562 and 1572, though François's life over this period, between the ages of about six and sixteen (he was born in 1556), was extremely disrupted because of his family's flights from religious persecution. Unlike both his father and his quasi-grandfather Vatable, he never had the experience of spending several years immersed as a learner and then as a teacher in the same institution. Whether because of temperament or those circumstances, François's social status was not grounded throughout his life in institutions of learning, in the way that his father's and Vatable's had been. It would certainly be grounded in learning and literature, but often without the regular income, the official titles and the regimented, as well as transferable, status-recognition that institutions provided. A sign of reluctance to adopt the behavioural discipline required by one institution in particular is the trouble François got into with the

---

2. Matthieu Beroald, testament, sig. 157[r].

3. A notarial act to this effect (Archives Nationales: Y 125, fol. 50[v]) is reported by Saulnier ('Étude', p. 224).

4. See Stephen Bamforth, 'Béroalde de Verville and *Les Apprehensions spirituelles*', *Bibliothèque d'Humanisme et Renaissance*, 56:1 (1994), 89–97; François Béroalde de Verville, *Les Apprehensions spirituelles, poemes et autres oeuvres philosophiques* (Paris: Timothée Joüan, 1583), sig. ã iii[r].

5. Beroald, testament, sig. 157[r].

Genevan Consistory when, aged about twenty-one, he was even imprisoned and, for a few months, denied the sacrament of the Lord's Supper.[6]

It is unknown whether Matthieu's stipulation that François should be made to study was respected after Matthieu's death in 1576, when François was twenty. As Stephen Bamforth has shown, François may have studied medicine around then, probably in Basel.[7] If he did, then he was picking up the mantle that Vatable had wanted to put on the shoulders of François's father, Matthieu.[8] François certainly possessed several medical volumes and his published work displays medical interests, but mainly later on (for example in 1612 when he also describes himself as having conducted a quasi-medical investigation in the early 1580s).[9] However, it is striking that the earliest of the several known occasions on which he was referred to by others in print as a doctor of medicine or even as a physician was in 1607.[10] It seems unlikely that a man so careful about his name and titles would

---

6.   *Registres de la compagnie des pasteurs de Genève*, ed. by Jean-François Bergier et al. (Geneva: Droz, 1962–), IV (1575–82; ed. by Olivier Labarthe and Bernard Lescaze, 1974), p. 91.

7.   See Stephen Bamforth, 'Autour du manuscrit 516 du Wellcome Institute de Londres: quelques réflexions sur Béroalde de Verville, médecin et alchimiste', in *Béroalde de Verville 1556–1626* (Paris: Presses de l'École Normale Supérieure, 1996), pp. 41–56 (pp. 45–7). Others have speculated both that François studied at medicine at Geneva and also that he obtained a doctorate in medicine there: while the former is possible, the latter seems very unlikely. See Saulnier, 'Étude', p. 219; Ilana Zinguer, 'Verville médecin', in *Béroalde de Verville 1556–1626*, pp. 25–39 (p. 25).

8.   Vatable's testament stated: 'Item, donne à maistre Mathieu Bérouart toute sa librairie, de quelque profession qu'elle soit, et oulstre ce luy donne [...] cent escuz d'or soleil pour se faire passer docteur en médecine, laquelle somme led. testateur ne veult estre distribuée toute à une foys, ains prie ses exécuteurs tenir la main qu'il ne l'expose inutillement'. Ernest Coyecque, *Recueil d'actes notariés relatifs à l'histoire de Paris et de ses environs au XVIᵉ siècle*, 2 vols (Paris: Imprimerie Nationale, 1905–23), II, no. 4388.

9.   François Béroalde de Verville, *Le Palais des curieux*, ed. by Véronique Luzel (Geneva: Droz, 2012), object 18. See Stephen Bamforth, 'Grivoiserie et science chez Béroalde de Verville: autour de l'abstinente de Confolens', in *Rire à la Renaissance: colloque international de Lille, Université Charles-de-Gaulle – Lille III, 6–8 novembre 2003*, ed. by Marie Madeleine Fontaine (Geneva: Droz, 2010), pp. 301–24. On medical and iatrochemical themes in works he published between 1583 and 1612, see Luzel's introduction to *Le Palais des curieux*, pp. 30–3.

10. See Étienne de Clavière's commentary on Persius in *A. Persii Flacci Satyrarum sex liber singularis* (Paris: Robert Foüet, 1607), p. 131: 'F. Beroaldus vir insignis, Doctor medicus, meus olim condiscipulus'. For fellow Paracelsian Gabriel de Castaigne calling François a physician and/or a doctor of medicine, see Bamforth, 'Autour du manuscrit 516', pp. 51, 52, 53, 55; François Secret, 'Claude Barthélemy Morisot, chantre de Rubens et romancier chymique', *Studi francesi*, 16 (1970), 77–85 (p. 82). On Clavière and Castaigne, see Laurence Brockliss and Colin Jones, *The Medical World of Early Modern France* (Oxford: Clarendon Press, 1997), pp. 124–5.

have refrained from using this one until his fifties if he had had the official right to do so. It is more likely that any medical studies stopped short of a doctorate and possibly even of a baccalaureate.[11] By the time he was in his fifties and sixties and living (in Tours) a long way from Basel (and Geneva), his claim to be doctor of medicine seems to have been plausible enough to figure in two notarial documents, whatever its literal accuracy.[12] It had after all been bolstered since 1607 by other people's references to him in print as a physician. Presumably less plausible – given that, as an apparent one-off, it did not stick – was the reference to him in a 1602 lease agreement as having a degree in law ('licancyes es loix'): no other evidence supports or even suggests this.[13]

Whatever the lost facts about any professional medical status that François may have acquired institutionally, he chooses to represent instead his early, medical-related training in terms of his frequenting a non-institutional world of alchemical practitioners, which led him to other kinds of artisans (clockmakers and goldsmiths).[14] Much of his work is characterized by this interest in artisanal practices, both within alchemical medicine and beyond (notably in mechanics[15]), and by a presentation of himself as a kind of artisan. He frequently emphasizes, to a degree unusual for someone with his wide range of theoretical philosophical interests, the epistemological importance of manual techniques and thus their prestige.[16] Within medicine, he emphasizes – again to an unusual degree for

---

11. See Brockliss and Jones, *The Medical World*, pp. 87, 198–200.

12. See Idelette Ardouin-Weiss, with the collaboration of Pierre Aquilon, 'Béroalde de Verville: testament inédit et documents nouveaux', *Bulletin de la Société de l'Histoire du Protestantisme français*, 132 (Oct.–Dec. 1986), 519–40 (pp. 520, 539).

13. See Ardouin-Weiss, 'Béroalde de Verville', p. 522. No mention of law studies is made by Saulnier ('Étude'). Although François refers at one point in *Le Palais des curieux* to 'ma qualité d'Advocat', and although a recent editor grants this claim literal force, it seems rather to be playful and entirely metaphorical: Verville, *Le Palais des curieux*, ed. by Luzel, pp. 314, 469.

14. Verville, *Le Palais des curieux*, ed. by Luzel, p. 353. The passage in question is quoted and discussed in Bamforth, 'Béroalde de Verville', p. 45.

15. See Neil Kenny, *The Palace of Secrets: Béroalde de Verville and Renaissance Conceptions of Knowledge* (Oxford: Oxford University Press, 1991), pp. 65–6. François gives mechanics prominence in the very first sentence of his testament, regretting that he can no longer practice the 'belles occupations mechaniques' he pursued in his prime. See Ardouin-Weiss, 'Béroalde de Verville', pp. 523–4; Lenita Locey, Michael Locey and Janis L. Pallister, 'The Last Days of Beroalde de Verville', *Symposium*, 41 (1987), 42–66 (p. 44). He presents his writing as artisanal labour in the preface ('Advis') to *Le Palais des curieux* (ed. by Luzel, pp. 133–4).

16. See Bamforth, 'Scientific and Religious Aspects', pp. xii–xviii; Verville, *Le Palais des curieux*, ed. by Luzel, pp. 133, 391–3. On the likely influence of Paracelsus (and Theodor Zwinger) on François's injunction to ground speculation in experience, see Didier Kahn, *Alchimie et paracelsisme en France (1567–1625)* (Geneva: Droz, 2007),

someone eventually claiming to have a doctorate – the inseparability of theory from practice and the need for doctors to respect the know-how of surgeons.[17] All this seems far from his father's areas of expertise in philology or Aristotelian dialectic and natural philosophy. However, the milieu in which Matthieu's own father lived for the first six or more years of his own life was emphatically artisanal. It is difficult to imagine that this left no traces in Matthieu, even if none are evident from his own published work (far less voluminous than that of his son). And Matthieu had early-years familiarity with the world of surgeons (before later studying medicine). It is possible that François picked up this artisanal-medical outlook and interest from his father and, unlike him, incorporated it into his writing.

So Matthieu may well have passed on to François not only a familiarity with a wide range of learning but perhaps also, intentionally or not, an interest in and respect for artisanal techniques. François used both these strands – to differing extents at different times of his life – to try and shape his social status and earn a living. Those attempts were more fluid, more precarious and mostly less institutional than his father's progress up the social scale. Poverty overwhelmed François for a long time, according to his early posthumous biographer Guillaume Colletet (whose predilection for the topos of unrecompensed literary merit should not make one discount it entirely as a window onto François's experience).[18] The successive phases of François's career can be roughly divided into (i) using his learning to enable publishers to publish, with theoretical underpinning, the work of two other people (an artisan and an engineer); (ii) seeking patronage from royal office-holders – with mixed success and ultimate disillusion – by composing works that popularized a wide range of philosophy; (iii) writing more commercially for booksellers while also receiving a prebend as a cathedral canon in Tours; (iv) probably no longer being a canon, publishing less (but still on a wide range of topics including crafts) and popping up occasionally as an

---

pp. 331–3. François's determination to connect manual to learned knowledge seems to have stood out at the time and to have involved a crossing of social boundaries which provoked suspicion: writing five or more years after François's death (1626), Guillaume Colletet reported that François frequented dens of iniquity with low-born people on the pretext of learning specialist artisan terminology. Guillaume Colletet, 'François de Beroalde, sieur de Verville', in Colletet, *Vies des poètes tourangeaux*, ed. by Lenita Locey, Michael Locey and Janis L. Pallister, Papers on French Seventeenth Century Literature (Paris, Seattle, Tübingen: 1989), pp. 17–40 (p. 22).

17. See François Béroalde de Verville, *L'Idee de la republique* (Paris: Timothée Joüan, 1584), sig. 70ᵛ; Verville, *Le Palais des curieux*, ed. by Luzel, pp. 342–3.

18. 'la pauvreté qui l'accabloit': Colletet, 'François de Beroalde', p. 20. Colletet may be taking his cue partly from François himself, who ends his final discursive work by saying that friends have given him financial support, which he needed because patrons exploited him without recompense: *Le Palais des curieux*, ed. by Luzel, p. 437.

alchemist at court.[19] He was probably an (unlicensed) medical practitioner through most or all of these phases.

A more tangible, if elusive, part of that bequest of knowledge from Matthieu to François took the form of books. Whether Matthieu bequeathed his entire library to his son is not known. Matthieu had made it available at one point to his fellow Protestant, Hebraicist and former Vatable pupil Jean Mercier, but the latter had died in 1570.[20] One volume still in François's possession at the end of his life, in 1626, almost certainly came from his father: the first edition of Matthieu's magnum opus, the *Chronicum, Scripturae sacrae autoritate constitutum* (1575).[21] Others probably did too.[22] As within many families, the books bequeathed were assets that functioned not as potentially realizable monetary value, but as tools that could generate further kinds of value, some of them plainly financial, and many of them (such as intellectual) potentially contributing to what one can broadly call social status. In functional terms, though not in scale or nature, books were thus analogous both to the tools that artisans bequeathed to their children and even to the estates that nobles bequeathed to theirs. No doubt like some artisanal tools, written works (especially unprinted ones) could require further polishing and improvement by the inheritor: and it may be that Matthieu left papers to François that either he (Matthieu) or others expected François to publish, though there is no evidence that he did, unless those papers made their way in unacknowledged form into some of François's own published works.[23]

19. See Bamforth, 'Béroalde de Verville', pp. 51–6; Neil Kenny, 'Béroalde de Verville, François', in *Dictionnaire des philosophes français du XVIIᵉ siècle: acteurs et réseaux du savoir*, ed. by Luc Foisneau, with the collaboration of Elisabeth Dutartre-Michaut and Christian Bachelier, 2 vols (Paris: Classiques Garnier, 2015), I, pp. 255–60; Luzel's introduction in Verville, *Le Palais des curieux*, ed. by Luzel, pp. 13–21; Saulnier, 'Étude', pp. 220–39.

20. See Wursten, 'François Vatable', p. 560, note 7.

21. Listed in the inventory of François's library that was drawn up shortly after his death. Although the date of the edition is not mentioned, the indication that it is a folio volume points to the first edition. See Ardouin-Weiss, 'Béroalde de Verville', p. 535; Locey, Locey and Pallister, 'The Last Days', p. 54.

22. For example, an edition of the Bible in Hebrew, which is probably Vatable's 1539–43 edition of the Hebrew books of the Bible, and possibly Vatable's own copy; Nicolas of Lyra's Hebraicizing commentary on the Bible, which had influenced Reformers; one of the Reformer Sébastien Castellion's translations of the Bible; a volume on surgery, which could have once belonged to François's grandfather Simon Brouart. See Ardouin-Weiss, 'Béroalde de Verville', pp. 532–4; Locey, Locey and Pallister, 'The Last Days', pp. 47, 54–5.

23. After mentioning the *Chronicum*, La Croix du Maine speculated as follows in the posthumous entry for Matthieu in his bibliographical catalogue: 'Quant à ses compositions Françoises, tant sur la Theologie que sur les Mathematiques ou l'histoire, elles ne sont encores en lumiere, & s'il y en a quelques-unes, je m'asseure que le sieur de

The learning and, to a lesser extent, the books that Matthieu gave François provided the latter with a vast stock of resources, partly material but largely mental, upon which to draw in his attempts to earn a living and carve out social status. To uncover the full scope of that bookish 'inheritance' (understood largely in a loose, non-legal sense) would require a separate study that would go beyond the question of social status, so let me give just a few initial indications here. The most obvious concern chronology, the subject for which Matthieu became best known. Without mentioning his father, François amplified in more popularizing, vernacular form certain issues that his father had discussed in his magnum opus, such as the prophecies attributed to Elijah to the effect that the world would last for three periods of 2,000 years each;[24] and François reiterates his father's refutation of the theory that two of the rivers in Eden ('Gehon' and 'Fison') were the Nile and Ganges.[25] On the other hand, a less obvious field of intellectual inheritance was probably that of Aristotelianism. Although Aristotelianism was still the staple of education in arts faculties and although François was interested in non-Aristotelian philosophies too, he may well have derived especially from his father his intense interest in some dimensions of Aristotelian philosophy, such as demonstration and proof (still ubiquitous in *Le Palais des curieux* of 1610): for example, Matthieu's inaugural course of lectures at the Genevan Academy was on the *Organon*.[26] This learning did not contribute in the same way to the social status of father and son. In Matthieu's case, it contributed to his standing as an institutionally validated authority on argumentation in Latin; in François's, it contributed to his attempt to establish quasi-noble status for himself based on a more individualistic and self-consciously charismatic manipulation of knowledge in the vernacular. The focus on certain branches of Aristotelianism may have been inherited by François not only from his father but ultimately from the latter's father-figure, Vatable, who was a specialist not only in Hebrew but also in Greek,

---

Verville son fils les publiera pour l'honneur de son pere'. François Grudé de La Croix du Maine, *Premier volume de la Bibliotheque* (Paris: Abel L'Angelier, 1584), p. 316.

24. Matthieu Beroald, *Chronicum, Scripturae sacrae autoritate constitutum* ([Geneva]: Antoine Chuppin, 1575), pp. 63–6; Verville, *Le Palais des curieux*, ed. by Luzel, pp. 432–5. An indication of how directly François's discussion related to his father's is given by the fact that, over a century after its publication, Matthieu's was still cited as fundamental by Pierre Bayle (*Dictionnaire historique et critique*, 16 vols (Paris: Desoer, 1820), VI, p. 117).

25. Beroald, *Chronicum*, pp. 81–8; François Béroalde de Verville, *Le Cabinet de Minerve* (Paris: Sébastien Molin, 1596), sigs 50ᵛ–2ʳ. See Kenny, *The Palace of Secrets*, p. 63.

26. See *Registres de la compagnie des pasteurs*, ed. by Bergier et al., III (1565–1574; ed. by Olivier Fatio and Olivier Labarthe, 1969), p. 144, note 2. A manuscript by Matthieu on the *Organon* and *Physics*, that he presented to his pupil Pierre de l'Estoile, has been discovered by Tom Hamilton, who has kindly alerted me: Bibliothèque Municipale d'Amiens: ms. 506, fols 123ʳ–86ᵛ.

and in particular in Aristotle's natural philosophy.[27] Vatable published (in 1535) translations into Latin of Aristotle's *De generatione et corruptione* and *Parva naturalia*, many of the topics of which (ranging from elemental change to the soul and dreams) François popularized and developed in the vernacular, first systematically and then less so, throughout his career, while also lacing them with elements from non-Aristotelian traditions.[28]

The learning that Matthieu transmitted directly or indirectly to his son was intended, in the terms used by Matthieu in his testament, to help François better serve God and His Church. Unlike Vatable in *his* will (intended to help Matthieu acquire medical learning), Matthieu gives no clue whether he also hoped that it would affect the social status of the young man concerned (in this case François). Whether or not Matthieu had aspirations that it would, François used his father's scholarly inheritance to mould his own status in ways that Matthieu could surely not have anticipated. In some respects they even involved disputing or parodying his father's legacy. The fifty-six-year-old François's self-presentation in his miscellany *Le Palais des curieux* (1612) as a quasi-noble free spirit – beholden to no patron, institution, or customary opinion – includes a claim that the times in which he lives are old whereas antiquity was young (because closer to the world's beginning). In fact, exactly the opposite had been argued by his chronologer father. Worse still, François was tacitly siding with his father's arch-critic Joseph Scaliger.[29]

Or again, when François took still further his critique of 'the learned' ('les doctes'),[30] publishing anonymously *Le Moyen de parvenir* (*c.* 1616), which can be interpreted as associating dignity with a kind of satirical wisdom (implicitly attributed to the author) rather than with clerical, financial, legal, or

---

27. See Wursten, 'François Vatable', p. 570.

28. Most systematically in the *Apprehensions spirituelles* collection (1583), but also thereafter: see Bamforth, 'Scientific and Religious Aspects'; Kenny, *The Palace of Secrets*, pp. 63–4, 69–70, 252–8. The indebtedness of François Béroalde de Verville's work to Vatable's would repay study.

29. Beroald, *Chronicum*, pp. 179–86; Verville, *Le Palais des curieux*, ed. by Luzel, pp. 225–6. See Anthony Grafton, *Joseph Scaliger: A Study in the History of Classical Scholarship*, 2 vols (Oxford: Oxford University Press, 1983–93), I: *Textual Criticism and Exegesis*, p. 211; Kenny, *The Palace of Secrets*, p. 226; W. Von Leyden, 'Antiquity and Authority: A Paradox in the Renaissance Theory of History', *Journal of the History of Ideas*, 19 (1958), 473–92.

30. The full title of the 1612 miscellany *Le Palais des curieux* states that it is written partly for 'le plaisir des doctes', to whom François's attitude throughout the work is however ironically deferential and even combative. He refers to this attitude as one of 'liberté': see Neil Kenny, '"Car le nom mesme de libéralité sonne liberté": les contextes sociaux et économiques du savoir chez Béroalde de Verville', in *Béroalde de Verville 1556–1626*, pp. 7–24 (pp. 18–20).

professorial office,[31] François began the whole work with a parody of his long-dead father's *magnum opus*, of which, as we have seen, he had a copy at home:

> Car est il, que ce fut au temps, au siecle, en l'indiction, en l'Aere, en l'Hegire, en l'hebdomade, au lustre, en l'Olimpiade, en l'an, au terme, au mois, en la sepmaine, au jour, à l'heure, à la minute, & justement à l'instant, que par l'avis & progrez du Daimon des spheres les esteufs descheurent de credit, & qu'au lieu d'eux furent auancees les molles balles [...].[32]

This dating of the replacement of hard by soft balls in real tennis precisely echoes the terms that had been discussed at length by Matthieu – *indictio, aera, hegira, hebdomada, Olympiades, annus, mensis, septimana, dies* and *hora*.[33]

More generally, the title-page and opening pages of *Le Moyen de parvenir* parody the stark claims made by Matthieu in the *Chronicum*, including on its title-page, to have replaced longstanding controversies with proofs of demonstration that are impervious to questioning:

> *Matth. Beroaldi Chronicum, [...]. Habes hoc commentario, lector candide, temporum rationem, in qua explicanda plurimi laborarunt, sic expressam et demonstratam, ut de ea posthac nulla sit movenda quaestio. Quandoquidem certis & indubitatis Scripturae sacrae testimoniis, singula quae hic traduntur, ita sunt confirmata, ut nihil sentire, qui contrà sentiant, videri possint.*

---

31. The work is generally scathing about office-holders. Satire of legal officers for perjuring themselves when taking the traditional oath that they did not purchase their office is given particular prominence by being put in the mouth of the interlocutor called 'BEROALDE', on the sole occasion when he appears. François Béroalde de Verville, *Le Moyen de parvenir*, ed. by Hélène Moreau and André Tournon, with the collaboration of Jean-Luc Ristori, 2 vols (Paris: Honoré Champion, 2004), II: *Fac Simile*, p. 198 (original pagination, p. 354). This oath had indeed come to seem so structurally dishonest that it had been discontinued in the years just before Verville was writing. See Arlette Jouanna, *La France au XVIe siècle, 1483–1598* (Paris: Presses Universitaires de France, 1996), pp. 210–11. Without clearly replacing venal office-seeking with any other 'moyen de parvenir', François also fleetingly proposes a more spiritual route, writing of Jesus Christ: 'il n'y a que les pauvres femmes qui l'ont pleuré, & ainsi ont trouvé le moyen de parvenir'. Verville, *Le Moyen de parvenir*, ed. by Moreau and Tournon, II: *Fac Simile*, p. 81 (original pagination, p. 110).

32. Verville, *Le Moyen de parvenir*, ed. by Moreau and Tournon, II: *Fac Simile*, p. 26 (original pagination, p. 1).

33. See Beroald, *Chronicum*, I.1 ('De Tempore'), I.3 ('De [...] horis'), I.4 ('De Diebus [...]'), I.5 ('De Septimana, sive Hebdomada'), I.6 ('De Mensibus [...]'), I.7 ('De Anno [...]'), II.2 ('De Olympiadibus [...]'), IV.4 ('De A.ER.A.[,] Indictione, & Hegira.'). This similarity is noted in passing by Janis Pallister, *The World View of Béroalde de Verville (Expressed Through Satirical Baroque Style in 'Le Moyen de parvenir')* (Paris; J. Vrin, 1971), p. 96.

The *Chronicum* of Matthaeus Beroaldus, [...]. Honest reader, you will find in this commentary the calculation of time – which many people have sought to explicate – now so clarified and demonstrated that it will not require future debate. Indeed everything that is communicated here is so confirmed by the certain and indubitable witness of Holy Scripture that those who think differently may be considered to think nothing at all.

This is rewritten on the title-page of *Le Moyen de parvenir*, with 'ratio' becoming 'raison', 'demonstratam' becoming 'demonstrations', and 'certis' becoming 'certaines' within the totalizing chronological sweep: 'Oeuvre contenant la raison de tout ce qui a esté, est, & sera: avec demonstrations certaines & necessaires'. And Matthieu's claim to short-circuit debate is echoed within François's work: 'CE MOYEN DE PARVENIR, unique breviaire de resolutions universelles, et particulieres: à quoy on ne peut contredire, ny opposer d'hyperboles, ny le redarguer de fausseté'.[34] The point of the parody is not just epistemological and psychological, though no doubt it was both. Epistemologically, Matthieu was famous for radically insisting that only chronological knowledge drawn from the Bible is valid, for following that method through systematically, and for not shrinking from its consequences,[35] whereas François had by now for twenty years been questioning systematic approaches to knowledge.[36] Psychologically, what evidence we have suggests that Matthieu could be a tough and strong character and François a rebellious one,[37] even if the complexities of their relationship

---

34. Verville, *Le Moyen de parvenir*, ed. by Moreau and Tournon, II: *Fac Simile*, pp. 25 (title-page in original), 46–7 (original pagination, pp. 41–2). See also more generally pp. 45–52 (original pagination, pp. 39–54).

35. See Anthony Grafton, *Joseph Scaliger: A Study in the History of Classical Scholarship*, II: *Historical Chronology*, pp. 233, 268–9, 308–11; C. Philipp E. Nothaft, *Dating the Passion: The Life of Jesus and the Emergence of Scientific Chronology (200–1600)* (Leiden and Boston: Brill, 2012), pp. 271, 283.

36. See Kenny, *The Palace of Secrets*, chaps 3–6.

37. Beyond the impression of an uncompromising intellect that emerges from Matthieu's *Chronicum* (when compared with other approaches to chronology in the period), evidence of toughness emerges – with a consistency that perhaps belies the unreliability of the genre of the anecdote – from anecdotes about his life, such as his outburst in Sedan against François Ier or his leadership at the siege of Sancerre, when he allegedly stood out for his wise and courageous counsel which led to a policy that those who insisted on surrendering to the besieging Catholic forces should be tossed over the city walls: Agrippa d'Aubigné, *Histoire universelle*, ed. by André Thierry, 11 vols (Geneva: Droz, 1981–2000), IV, p. 40. See also III, pp. 400–1. As for François, the impression of rebelliousness that emerges from *Le Moyen de parvenir* echoes the disciplinary conflicts he experienced in his youth in Geneva and the claims about transgressive behaviour made by Colletet in his Life of François, although those claims may themselves be conditioned to some extent by the scabrous nature of François's most famous work, *Le Moyen de parvenir*.

remain forever inaccessible. But the point of the parody is also social, since it targets the institutionalized authorizing of magisterial certainty. Matthieu's preface to the reader of the *Chronicum* was entitled 'Matthaei Beroaldi, bonarum literarum et philosophiae Christianae professoris, praefatio' ('Preface of Matthaeus Beroaldus, Professor of *bonae litterae* and Christian philosophy'). The 1575 publication was authorized by the fact that the Geneva Academy had recently bestowed this title on its author. Its folio format contributed to the authorizing. By contrast, the duodecimo *Le Moyen de parvenir*, the satirical contents of which meant that not only the author but even the printer went unmentioned, was not authorized by any institution, and we now know that its author does seem to have had, at the time of publication, a rather heterogeneous, free-floating social status in comparison with his father's.

These social, epistemological and psychological dimensions are inseparable. Although François may seem to have rejected at least some of what his father transmitted to him, even the act of doing so fuelled his own somewhat different (though roughly equivalent) and more elusive social status, reliant as it was upon witty critique. Like his father, François remained 'above' straightforward artisans (such as Matthieu's own father) and merchants (such as Matthieu's father-in-law) but 'below' straightforward nobles.

Apart from learning, literature, books, an artisanal outlook and some modest financial or other assets, did Matthieu transmit to François anything else that had effects, intended or unintended, on his social status? One crucial thing was a network of contacts, in particular of people who shared a sense that learning and literature should translate into social status. This network meant that, compared with someone emerging *ex nihilo* into the social world, François could, as Matthieu's son, expect to receive from many people recognition, support and opportunities to earn income in the absence of assets of his own (after he had given his inheritance to his sisters). Matthieu had already started building that network when François was a baby, as the choice of godparents shows.[38] The network facilitated François's first appearance in print, when he supplied the mathematical commentaries for a posthumous edition of what became a bestselling collection of mechanical inventions by the engineer Jacques Besson, who had been a colleague of François's father Matthieu at the University of Orléans.[39] And, as Stephen Bamforth has shown, it was almost certainly this

---

38. Jean Mercier, Royal Professor of Hebrew, and Louis Chesneau, Principal of the College of Tours. Matthieu Beroald, family book, in *Mélanges littéraires et historiques*, vol. 630, sig. 176ʳ. See Saulnier, 'Étude', p. 213.

39. See Saulnier, 'Étude', pp. 213–14. On this work and its long-term significance, see Luisa Dolza and Hélène Vérin, 'Figurer la mécanique: l'énigme des théâtres de machines de la Renaissance', *Revue d'histoire moderne et contemporaine*, 51:2 (2004), 7–37; Eugénie Droz, *Chemins de l'hérésie: textes et documents*, 4 vols (Geneva: Slatkine, 1970–6),

paternal network that led to François's obtaining from about 1583 the patronage of René Crespin, sieur du Gast. He was the brother-in-law of the same Pierre de l'Estoile who had lived with François's family when a pupil of Matthieu. L'Estoile also probably helped François secure a *privilège* for his first major solo publication (the 1583 *Apprehensions spirituelles* collection).[40]

François does not however represent the network as being uniformly supportive. In one case it transmitted not only connections but a feud. If François was the sort of person whom the greatest French scholar of the day, Joseph Scaliger, looked up when passing through Tours on the way to the Estates General in Paris in early 1593, that was because Scaliger had personally known François's father Matthieu. Scaliger had also, however, disliked both Matthieu and his principles of chronology.[41] The encounter in Tours added a new grievance to the feud: Scaliger's alleged forgetting to honour a promise to return a precious volume that François had lent to Scaliger on that occasion. The ensuing resentment rumbled on for years, with François waiting until Scaliger had died (in 1609) before starting to denounce this behaviour in print.[42]

It is unknown whether it was thanks to the network inherited by François, or to his own networking, or else to a combination of the two, that he became canon in 1593 at the Saint-Gatien cathedral of Tours.[43] This was probably the firmest ever

IV, pp. 271–374; Denise Hillard, 'Jacques Besson et son *Théâtre des instruments mathématiques*', *Revue française d'histoire du livre*, 48:22 (1979), 5–38; Denise Hillard, 'Jacques Besson et son *Théâtre des instruments mathématiques*. Recherches complémentaires', *Revue française d'histoire du livre*, 50:30 (1982), 47–69. Droz misattributes François's commentaries to someone else (François Beraud).

40. See Bamforth, 'Béroalde de Verville', pp. 92–4; Saulnier, 'Étude', p. 226.

41. See Grafton, *Joseph Scaliger*, II, pp. 70, 246, 268–9, 274–5, 308–11, 343–5.

42. The first denunciation came in 1612 in *Le Palais des curieux* (ed. by Luzel, p. 436), where François claims that it was 'un livre imprimé à la Chine dont j'ay encores quelques memoires pour le deschifrer' and that several learned witnesses who were present reported the lending to 'monsieur Servin qui sçait bien d'où j'ay peu avoir un tel joyau, comme d'autres que j'ay perdus par les communs malheurs'. The scholar Louis Servin was an *avocat* in the Parlement of Tours. The second denunciation came in *c.* 1616 in *Le Moyen de parvenir* (ed. by Moreau and Tournon, II: *Fac Simile*, p. 170 (original pagination, p. 299), where a story about the epithet 'putain' (whore) given to a Queen of Mesopotamia (an apparent allusion to Semiramis) is attributed to 'Barlaam en ses etymologies, imprimees avant mille sans en la Chine. Nostre hoste & bon ami en presta le livre à Scaliger, quand il passa par Tours'.

43. According to Nicéron, the cathedral register shows François being received as canon on 3 November 1593: Jean Pierre Nicéron, *Mémoires pour servir à l'histoire des hommes illustres dans la république des lettres*, 43 vols (Paris: Briasson, 1727–45), XXXIV, pp. 224–38 (p. 225). Colletet ('François de Beroalde', pp. 22–3) confirms that François was a canon at Saint-Gatien, and adds that he eventually gave up this benefice. The latest date at which he is known still to have been a canon is 1602 (thanks to a notarial act that identifies him as such), but thereafter he dropped the title, including in his will, which

single step up the social ladder that he took in his life, although it did not end up being the first step to higher ecclesiastical office that it was for many sons of high-ranking families.[44] It did give him, for a while, a coveted prebend in one of the richest cathedral chapters in France, alongside especially the sons of office-holding and wealthy merchant families.[45] His father's name may have had nothing directly to do with this elevation. It may even have been an obstacle, since Matthieu had been a well-known Calvinist and François had only become eligible for such a position by converting to Catholicism at some point during the 1580s.[46] However, beneath that discontinuity of confession was an inherited continuity of function: François's quasi-grandfather Vatable had also been a cleric and, although François's father Matthieu's main function in Geneva had been that of a professor, Matthieu may have been a minister there too.[47] François was probably a secular canon rather than a regular one, and there is no positive indication that he was ordained priest (as his father's ersatz father Vatable had been), but even if he was not, as a cleric in minor orders he was committed to remaining unmarried in order to receive his prebend.[48] So, unlike François's Calvinist father, by being a Catholic cleric François was, like Vatable, gaining the chance to have income and so the freedom to pursue learning and/or literature, but at the expense of any

---

suggests that Colletet is right that François no longer held this office. See Ardouin-Weiss, 'Béroalde de Verville', p. 520. On the other hand, there do not seem to be grounds for doubting whether he was ever a Catholic or canon (as is done by Locey, Locey and Pallister, 'The Last Days', pp. 43–4, 56–9).

44. See R. Doucet, *Les Institutions en France au XVIᵉ siècle*, 2 vols (Paris: A. and J. Picard, 1948), II, pp. 745–6.

45. See Jouanna, *La France au XVIᵉ siècle*, p. 47. The Council of Trent had decreed that at least 50% of canons should be priests. See Doucet, *Les Institutions*, II, p. 739.

46. See Saulnier, 'Étude', pp. 228–9.

47. See Eugène Haag and Émile Haag, *La France protestante ou Vies des protestants français qui se sont fait un nom dans l'histoire*, III (Paris and Geneva: Joël Cherbuliez, 1852), p. 7. Matthieu was a prolific writer of prayers to be said by the guards on watch at the siege of Sancerre: see his papers in *Mélanges littéraires et historiques*, sigs 144ʳ–51ᵛ. According to Nicolas Pithou, in 1570 Matthieu also acted – informally, it would seem – as a minister when he persuaded the ex-bishop Antonio Caracciolo to make a Protestant confession of faith on his deathbed. See Nicolas Pithou, *Chronique de Troyes et de la Champagne (1524–1594)*, ed. by Pierre-Eugène Leroy, with collaboration by Isabelle Palasi, 2 vols (Reims: Presses Universitaires de Reims, 1998–2000), II, pp. 668–70; Joseph Roserot de Melin, *Antonio Caracciolo, évêque de Troyes (1515?–1570)* (Paris: Letouzey et Ané, 1923), pp. 357, 359–60; Thierry Wanegffelen, *Ni Rome ni Genève: des fidèles entre deux chaires en France au XVIᵉ siècle* (Paris: Honoré Champion, 1997), pp. 250–1.

48. He had bought a house by 1602 and moved into it by 1609, which suggests either that he did not live in the community of canons and/or that he financed the purchase by selling his benefice in about 1602, which may indeed be what Colletet alludes to by accusing François of simony ('se deffit simoniaquement de son bénéfice'; Colletet, 'François de Beroalde', p. 23); such sales were common (Doucet, *Les Institutions*, II, p. 739).

chance of bequeathing it to any legitimate offspring. Vatable had circumvented that impasse by bequeathing learning to a young relative. François did not circumvent it. Whatever the nature of his personal life, which is unknown, he seems to have had no children, legitimate or otherwise.[49] He may have remained unmarried out of preference or else because his economic situation was at different times (i) more unstable than his frequently salaried father's and (ii) stabilized by an office that excluded marriage. Although learning- and blood-based lineage had some importance for Matthieu – at least in relation to his only surviving son (none of Matthieu's daughters are known to have been educated) – that son continued it only in a way that precluded its continuation after his own death.

The nexus of education (essentially humanist, but also perhaps latently artisanal), books, reputation and contacts that Matthieu transmitted to François probably proved far more important to the latter's social status and writing career than was any transmission of material wealth. However, vital as that nexus was, it provided as much for François to react against as to build on. And the ways in which he *did* draw on it ruled out any further extension of this three-generation dynasty of learning and literature (if one counts François's quasi-grandfather Vatable). Theirs was one of numerous short-lived dynasties of literature and learning which cropped up in early modern France, with long-lived ones (such as the Sainte-Marthe) being the exception rather than the rule.

---

49. The hypothesis that a reference to a 'jeune Béroalde' in a 1599 publication designates an illegitimate son of his looks tenuous pending further evidence. See Frédéric Lachèvre, *Bibliographie des recueils collectifs de poésies publiés de 1597 à 1700*, 4 vols (Paris: Henri Leclerc, 1901–5), I, p. 108; Saulnier, 'Étude', p. 239.

Nottingham French Studies 56.3 (2017): 323–335
DOI: 10.3366/nfs.2017.0194
© University of Nottingham
www.euppublishing.com/nfs

FRIENDSHIP AND RIVALRY IN SCIENCE AND SCHOLARSHIP: PIERRE-DANIEL HUET AND THE ACADÉMIES DE CAEN

RICHARD MABER

The idea of a radical separation between any kinds of advanced intellectual interests – mathematics, astronomy, theology, classical scholarship, investigative biology or the cultivation of poetry – was completely foreign throughout the greater part of the early modern period. It was entirely normal, indeed expected, for anyone who attained distinction in one field of intellectual activity to participate, or at least to be up to date with new developments, in a wide variety of others. All educated men had been trained in the classics, and intelligent women learnt the ancient languages for themselves, or read the works in the abundance of available translations; everyone read modern works for pleasure, and could engage with discussions of both ancient and modern literature; everyone followed the intense theological controversies, and many were actively involved in them; there was widespread curiosity about new inventions and discoveries, and equally widespread interest in astronomy, mathematics, and travellers' accounts.

Patristic and classical scholars could gain a high reputation as experts in such fields as zoology, botany, or agriculture based primarily on their knowledge of ancient writers on these topics, or by developing their expertise from a starting-point in classical, biblical, or philological scholarship; for example, among the scholars who will feature in this article, Samuel Bochart became authoritative on zoology in general, and snakes in particular, from his work on animals in the Bible,[1] while Gilles Ménage was an expert on botany and medicinal herbs, from his pioneering etymological studies of the French language – in order to discuss the names of plants, he had first to know what they all were.[2]

Conversely, original research into the natural sciences was likely to be accompanied by justificatory disquisitions on ancient sources on the subject. So when, in 1661, the Caen-based scientist André Graindorge was seeking to publish a treatise on the latest research into the highly topical subject of the nature of air,

1.   Bochart, *Hierozoïcon, sive Bipertitum opus de animalibus Sacrae Scripturae* (London: T. Roycroft, 1663).

2.   See for example Huet's letter to Ménage, 26 July 1663 (Paris, Bibliothèque nationale de France: MS Rothschild A.XVII.442).

he felt that a good selling point would be to combine it with an edition of Hero of Alexandria's first-century Πνευματικά. Pierre-Daniel Huet, in Caen, asked Ménage for help with mutual friends in Paris:

> Il le [Pierre Petit] prie de se donner la peine de lire un livre qu'il a fait *De natura aëris*, & que M^r. de Segrais vous donnera, & M^r. Graindorge cherche un Imprimeur. [. . .] Ce livre contiendra deux parties / La premiere est l'ouvrage de M^r. Graindorge. La seconde sont les Pneumatiques de Heron, dont je luy ay fourni les MSS.[3]

The linking of old and new research was felt to be likely to attract a printer because of the prestige it would bring to the new work, and the boost it would give to sales.

Nevertheless, it is a commonplace to note how, with the exponential growth and increasing specialization of research in the natural sciences, a tendency can be discerned, from the middle decades of the seventeenth century, for their pursuit to be regarded as a distinctive activity, needing an equally distinctive organization; catalysts can be seen in the Montmor academy in Paris (from the 1650s) and the Royal Society of London (founded 1660), with the Parisian Académie des sciences following in 1666.[4]

The advantages of such specialized gatherings are clear. There was no shortage of provincial academies in France: they were founded in many different regions in the second half of the seventeenth century, and a number obtained royal *lettres patentes*. They were typically established by a small group of men with the eclectic intellectual interests that were taken for granted, and driven by two or three committed enthusiasts who served as organizers and secretaries. Yet it is striking how, even though their members were likely to have a considerable range of professional expertise and personal enthusiasms, their activities focused overwhelmingly on literature and history, especially of antiquity, and on philology.

Thus, the Académie d'Arles, founded by eight individuals in 1666, was modelled on the Académie française and concerned itself with

---

3. Huet to Ménage, 19 December 1661 (BnF: MS Rothschild A.XVII.411). In transcribing Huet's letters I have retained his idiosyncratic punctuation mark, '/', which he uses throughout his correspondence. In reply, Ménage doubted the selling power of another edition of Hero's text, but Huet persisted: 'Je scay bien que le MS. des Pneumatiques de *Hero Alex.* est assez commun, mais on ne laisseroit pas pour cela d'obliger le public, en le mettant au jour / Mon MS. a esté conferé avec quelques autres & est assez ample' (letter to Ménage of 30 December 1661, BnF: MS Rothschild A.XVII.413). However, Ménage was right: whatever its own value, Graindorge's treatise was never published and has been lost.

4. See particularly Harcourt Brown, *Scientific Organizations in Seventeenth-Century France* (Baltimore: Williams & Wilkins, 1934); although inevitably dated in some respects, this is still a useful survey.

belles-lettres; similarly, the Académie royale de Nîmes (founded 1665, *lettres patentes* in 1682) was given comparable privileges to the Parisian Académie, and was to devote itself to the study of Antiquity and the French language. The Académie de Villefranche et du Beaujolais (founded 1677, *lettres patentes* in 1695), had essentially historical concerns dealing with the local *patrimoine*. Even when a provincial academy had a more ambitious title, such as the 'Académie des sciences, inscriptions et belles-lettres' of Toulouse (1640), or the 'Académies des sciences, belles-lettres et arts' of Angers (*lettres patentes* 1685) and Lyon (founded by seven colleagues in 1700), a variety of occasional papers might be read by individuals on the subject of their investigations, and visiting foreign virtuosi fêted, but there was little attempt at collaborative work in the natural sciences or a coherent programme of research.

One of the earliest and most distinguished of all the provincial academies was the Académie de Caen, founded in 1652. Its evolution was unique in France in the century for, as early as 1662, well before the founding of the Parisian Académie des sciences, a group of its members founded a second, parallel academy devoted exclusively to scientific investigation, which they came to call the Académie de physique and which, again uniquely in the century, gained royal recognition and finance in 1668 before failing and coming to an end soon after 1672.

This extraordinary sequence of events makes an exceptionally valuable case study of the ways in which intellectual life really worked in practice, and how it could go wrong. Not least in this respect, it illustrates the crucial importance of individual personalities, and the effects of the crosscurrents of personal friendship, rivalry, and animosity within an apparently cohesive group. These factors of individual and group dynamics are essential for understanding the tumultuous history of the two academies in Caen during this period; most important of all was the influence of the charismatic polymath Pierre-Daniel Huet (1630–1721).

Huet was the dominant figure in the Académie de physique de Caen, and also one of the most prominent members of the main academy. Many of the developments in intellectual life in the city during this period can be ascribed to his influence, and the effect of his unusual personality.[5]

---

5.   While there have been a considerable number of studies of individual aspects of Huet's highly diverse range of achievements, there is as yet no wholly satisfactory general work on him, unsurprisingly considering the variety of his activities and the vast archive of correspondence and other material that he preserved and which still survives. The most comprehensive work to date is abbé Léon Tolmer, *Pierre-Daniel Huet (1630–1721), humaniste-physicien* (Bayeux: R.-P. Colas, 1949). See also Charles Henry, *Un érudit homme du monde, homme d'église, homme de cour (1630–1721). Lettres inédites de Mme de La Fayette, de Mme Dacier, de Bossuet, de Fléchier, de Fénelon, etc., extraites de la correspondance de Huet* (Paris: Hachette, 1879); and, more recently, April Shelford, *Transforming the Republic of Letters: Pierre-Daniel Huet and European Intellectual Life,*

Huet was the only son in a family of admiring sisters, orphaned at an early age and brought up by an aunt. As he describes himself in his autobiography, *Petri Danielis Huetii Commentarius de rebus ad eum pertinentibus*,[6] as well as being a phenomenal intellectual prodigy he was also extraordinarily good at absolutely everything (with the exception of dancing, as he modestly concedes):

> Je dansais gauchement, mais à l'escrime et à l'équitation, je l'emportais sur tous, et de manière à exciter l'envie de mes compagnons et des maîtres eux-mêmes. J'étais si leste qu'il suffisait que je touchasse un but avec la main pour que je le touchasse aussi de mes pieds en sautant; si bon coureur, que je laissais derrière moi tous les autres; si vigoureux, qu'un jour deux forts gaillards étant assis par terre, et tenant un bâton, eux d'un bout et moi de l'autre, ils ne purent ni me l'ôter des mains, ni seulement me faire bouger de place. Il y avait longtemps déjà, et cela remontait à mon enfance, que j'avais appris à nager sans maître, sans liège, et comme par hasard [...] Je devins bientôt habile nageur; je plongeais au plus profond des rivières, d'où je rapportais des coquillages, et pas un de mes compagnons n'était, à cet égard, en état de me le disputer.[7]

Huet's gifts were genuine, especially his intellectual brilliance and versatility, and he enjoyed an impressively successful career as a leading scholar, skilful poet in Latin and French, experienced dissector and anatomist, amateur astronomer, admiring friend of literary ladies like Mme de La Fayette and Mlle de Scudéry, *sous-précepteur du Dauphin*, creator and editor of the famous (or notorious) series of *Ad Usum Delphini* editions of suitably expurgated classical texts, anti-Cartesian controversialist, and, after taking orders relatively late in life (1684), bishop of Soissons and then of Avranches.

However, as the above quotation suggests, he was not only acutely conscious of his gifts, but equally conscious of his superiority over everyone else. As a consequence, throughout his life, he refused ever to admit that he could be mistaken about anything, and steamrollered all opposition.[8] At the same time, though, he was intensely ambitious for the rewards his great talents clearly deserved. From his early twenties, Huet made a point of identifying the most useful figures in all areas of social and intellectual life, and cultivating their support. When he came to Paris at the age of twenty, he was able to impress such advantageous connections as Gabriel Naudé, who was in charge of Mazarin's

---

1650–1720 (Rochester, NY: University of Rochester Press, 2007), which is nevertheless considerably more limited in scope than is suggested by its ambitious title.

6.   The Hague: H. Du Sauzet, 1718; for the purposes of this article, all quotations will be taken from the French translation by Charles Nisard, *Mémoires de Daniel Huet, évêque d'Avranches, traduits pour la première fois du latin en français* (Paris: Hachette, 1853).

7.   Huet, *Mémoires*, p. 36.

8.   His warm friendship with the poet Jean Regnault de Segrais was famously ended by his aggression and dogmatism in a dispute over a line of Virgil's *Georgics*.

library, and Jean Chapelain, who proved extremely helpful in providing introductions and later made sure that Huet was granted one of the royal *gratifications* instituted by Colbert.[9]

A little later, he sought out Gilles Ménage, with whom he was to form the most intimate and most lasting friendship of his life; as he writes of a second short visit to Paris,

> j'en profitai pour m'introduire chez Ménage, avec qui je contractai dès lors une amitié que nous avons fortifiée de part et d'autre par toutes sortes de tendresses et de bons offices, et qui a duré jusqu'à sa mort. Je confesse que notre liaison m'a été extrêmement utile, extrêmement agréable, tant à cause de la littérature variée que de la politesse et de l'urbanité singulières de ce personnage.[10]

Huet most probably recognized in Ménage an intellect, a depth of learning, and, very likely, an ego and an *esprit querelleur* to match his own, coupled with a worldliness and a sense of mischief that the younger man clearly found liberating. They saw one another very frequently whenever Huet was in Paris, corresponded abundantly when separated, and even formed a project to 'faire société ensemble', that is to share a place of residence and engage in joint ventures.[11] Unlike much of Huet's other correspondence, it is a striking feature of his relations with Ménage that there is no trace of deference on either side, a testimony to the strength of their friendship, but instead a consistent pattern of invaluable mutual help. They pulled no punches in criticizing one another's work; Ménage distributed Huet's publications to influential people, helped Huet to ingratiate himself, and obtained feedback from them to transmit to his young friend, about all of which Huet was extremely pressing; Huet in turn worked over crucial parts of Ménage's major edition of Diogenes Laertius, with its almost insuperable textual challenges. Huet also shared Ménage's fascination with philology and etymology, and did what he could to help Ménage with his studies of the French language: we find an amusing image of the future *sous-précepteur du Dauphin* and bishop of Avranches carrying around a dead lizard in his pocket which he would produce to baffled peasants and ask them what it was. This enabled him to

---

9. For full details of this revealing episode, based on unpublished letters, see Richard Maber, 'Colbert and the Scholars: Ménage, Huet, and the Royal Pensions of 1663', *Seventeenth-Century French Studies*, 7 (1985), 106–14.

10. Huet, *Mémoires*, p. 90. See especially Huet's long, emotional tribute on Ménage's death, p. 237: 'mon ami le plus intime, le plus cher associé de toutes mes études [...]'.

11. See Huet's letters of 24 March 1662 (Bibliothèque de Caen: In-folio 402), and 15 April 1662 (BnF: MS Rothschild A.XVII.424).

write to Ménage on 8 March 1660, incidentally correcting the most respected authorities in the process:

> Je ne scay si vous avez remarqué que cette sorte de lezard que l'on appelle salamandre en quelques lieux, & que plusieurs habiles gens & M. Bochart entre autres croyent estre la salamandre des anciens & que je puis faire voir tres manifestement ne l'estre point, que l'on nomme *Pluvine* en d'autres endroits, & ailleurs *Blande*, & parmy les paÿsans de nos quartiers *Mouron*, je ne scais, disje, si vous avez remarqué qu'il s'appelle aussi *un Sourd* au Mayne & ailleurs. Vous verrez si cela peut servir à vostre sujet.[12]

On the lighter note that made this friendship so agreeable for both participants, Huet repeatedly commented on what fun it was to 'goguenarder ensemble', and teased Ménage about his very close affectionate relationship with the young Madame de La Fayette (with whom Huet also corresponded and collaborated), and their *amantium irae*.[13]

As he built his career, Huet was especially careful to play his cards right with regard to the Catholic Church. This could require some careful juggling. Many of the leading French scholars were Protestants,[14] and Caen in particular was an important centre of the Reformed religion; the founder of the Académie de Caen, Jacques Moisant de Brieux (1611–74), was himself a Protestant. The outstanding biblical and patristic scholar, Samuel Bochart (1599–1667), was a minister of the Reformed Church in Caen, and while the young Huet was anxious to cultivate the friendship of so distinguished and useful a man, he had to be prudent. So, as he relates in his *Commentarius*:

> Cependant mon attention était toute à la Géographie sacrée de Bochart, qui depuis longtemps déjà était sous presse. Comme, en la lisant, je comparais cette abondance inépuisable d'érudition sacrée et profane avec ma petite et chétive provision, c'était une vraie douleur pour mes yeux, [...] et un motif considérable pour déplorer mon indigence. Il me parut alors que si j'allais trouver l'auteur même, et que je cherchasse à me lier avec lui, je m'approprierais quelque chose de ses richesses, en m'aidant de ses avis. Cette conjecture était fondée. Bochart m'accueillit avec

---

12. BnF: MS Rothschild A.XVII.391. On Bochart, see below.

13. In the one year of 1662, letters of 6 February, 20 February (Ménage called 'le Pater leporum'), and 15 April (BnF, MSS Rothschild A.XVII. 419, 420, 424), and of 27 February and 22 September (Bibliothèque de Caen, In-folio 402).

14. Huet notes in his *Commentarius* his good relations with such leading Protestant scholars as the minister Étienne Lemoine, Étienne Morin, Henri Justel and Tanneguy Lefebvre (Huet, *Mémoires*, pp. 117, 131, 159–60). Lefebvre (1615–72), who studied with the Jesuits but converted to Calvinism, had highly ambiguous religious convictions. Huet, unusually for him, tried to reconvert Lefebvre to Catholicism, and claims he would have succeeded had Lefebvre not died unexpectedly 'comme il hésitait à se tirer du bourbier' (Huet, *Mémoires*, pp. 159–60).

courtoisie et bonté, et déjà je pus prévoir et espérer que nous deviendrions bons amis. Mais comme c'était le temps des plus ardentes controverses entre les catholiques et les calvinistes, et que Bochart était ministre de cette dernière secte, il fut convenu entre lui et moi que, pour ôter au moins tout prétexte de suspecter la pureté de ma foi, nous nous verrions en secret, presque toujours la nuit et sans témoin.[15]

After this bizarre cloak-and-dagger inauguration, the relationship was able to become more relaxed and open. Queen Christina of Sweden invited Bochart to her court in 1652, and Huet accompanied him. The fact that the queen's generosity had already attracted numerous French scholars and men of letters could excuse the awkwardness of travelling with a Calvinist to a Lutheran country; in any case, the queen herself soon converted to Catholicism (in 1654), and moved to Rome literally as well as figuratively. Disappointed with the prospects in Stockholm, Huet returned after a year. He had found in the royal library a manuscript of Origen's commentary on St Matthew, which he proposed to edit; but this was to lay the foundation for a literally fatal clash of religious dogma and scholarly principle. This conflict reached its tragic conclusion in the Académie de Caen itself.

Despite their doctrinal differences, relations between Huet and Bochart had always been extremely harmonious.[16] However, when he came to read through Huet's copy of the manuscript, and his Latin translation and commentary, Bochart noted that Huet appeared to have falsified a passage where Origen expresses views contrary to the subsequent doctrine of transsubstantiation. Bochart expressed scholarly outrage; Huet, quite incapable of ever admitting that he could be in the wrong, while conceding *en passant* that the passage in question was indeed incorrectly rendered (and that, by implication, Bochart was right), nevertheless protested vehemently and at length that it was a pure copying slip – 'j'avais omis quelques mots de peu ou de nulle importance en copiant deux fois la même ligne'.[17] However, relations between the two men never recovered.

Later, in the course of a different dispute between Bochart and Huet, about numismatics, in the Académie de Caen, the argument became so heated that Bochart dropped dead of an apoplexy *en pleine séance*. Huet's account of this drama is notably revealing in its unreconciled conflict between a clear awareness of how, according to the ideal of the *République des lettres*, scholarly relations ought to be conducted – with mutual respect and assistance despite any religious or political differences – and his own self-regard and religious passions, which

---

15. Huet, *Mémoires*, pp. 26–7.

16. Ibid., p. 27.

17. Ibid., p. 98.

led him to pursue his opponent vindictively beyond the grave. After describing Bochart's death, Huet continues:

> Quoique depuis longtemps [...] il se fût refroidi à mon égard, sa mort ne laissa pas de m'affliger profondément; car les injures dont il m'avait poursuivi, encore qu'elles eussent rompu toute intimité entre nous, ne m'avaient rien fait perdre de mon estime pour ses vertus, rien de ces attentions et de ces bons offices qui rendent les relations agréables entre les gens de lettres et tournent à l'avantage des lettres elles-mêmes. [....] Peu de jours avant sa mort il m'avait écrit une longue lettre où il s'efforçait de justifier par l'autorité d'Origène les doctrines de Calvin contre celles du catholicisme touchant l'Eucharistie et l'invocation des anges et des saints. Comme cette lettre était une atteinte portée à l'intégrité de notre sainte Église, je regardai comme un devoir d'y opposer une réfutation solide et complète. Cette réponse touchait à sa fin quand Bochart mourut. Depuis, ces deux lettres ont été publiées; je souhaite vivement qu'on les lise et qu'on les compare, afin qu'on juge de combien la vérité l'emporte sur l'erreur, et combien cet homme, modéré d'ailleurs, était violent, lorsqu'il était dupe de l'extravagance de ses opinions.[18]

One can only agree with contemporary opinion that Huet does not come well out of this episode.

Such, then, was the man whose personality dominated the short life of the Académie de physique. He inaugurated the new group with a colleague from the established academy, André Graindorge, a physician and respected scientific investigator, who had returned to his native Caen in 1660 after practising medicine with considerable success for twenty years in Narbonne. Huet gives two rather differing accounts of the founding of the new group, in his *Commentarius* and in his *Origines de la ville de Caen*.[19] Both versions, nevertheless, provide striking evidence of a perceived and growing divergence between the natural sciences and *lettres humaines*.

The new academy was specifically inspired by the example of the Royal Society of London. Because of the importance of this new venture in French intellectual history, it is worth quoting Huet's account in the *Commentarius* in some detail:

> J'étais exactement informé des travaux de la Société royale de Londres par Henri Oldenbourg qui en était le secrétaire. Quant à l'Académie de Caen, fondée par Brieux, elle se renfermait dans les matières purement littéraires, et s'il arrivait que je communiquasse quelque écrit d'un autre genre, dont l'envoi m'avait été fait, elle en écoutait la lecture en bâillant, et le recevait d'assez mauvaise grâce. Pour moi, je voyais avec peine, avec humeur ces nobles sciences traitées si mal

---

18. Ibid., pp. 156–7. Bochart died on 8 May 1667.
19. *Les Origines de la ville de Caen, et des lieux circonvoisins* (Rouen: Maurry, 1702), pp. 233–5. See below, note 25.

par des hommes d'ailleurs pleins de sens, et mes sentiments étaient partagés par André Graindorge qui cultivait depuis longtemps les sciences physiques. Lui et moi, cependant, nous ne crûmes pas devoir nous relâcher en rien de nos études philosophiques. 'Eh bien! me dit-il, si vous m'en croyez, nous choisirons un jour par semaine, où nous parlerons chez vous de physique. — Très volontiers, lui répondis-je [...]' Il y consentit et sans désemparer, passa du projet à l'exécution. C'est ainsi que fut créée dans ma maison (1662) une nouvelle Académie, qui, très-peu nombreuse d'abord, s'accrut bientôt de jour en jour et marcha de pair avec les plus fameuses.[20]

The history of this new academy has been studied in a monograph by David S. Lux, *Patronage and Royal Science in Seventeenth-Century France: The Académie de Physique in Caen.*[21] Lux's work is an extremely useful source, intended to illustrate an important argument about the history of scientific academies in France. It is, though, not infallible: it is over-schematic in its approach to the complexities of personal relationships, and sometimes unreliable in its interpretation of sources, which could profitably be filled out from a wider range of Huet's vast correspondence.

To give one example, Ménage, Huet's closest friend, is not mentioned at all by Lux. Yet Ménage spent around six weeks in Normandy in September and October 1663, for much of the time staying with Huet in Caen. On his return to Paris, Huet wrote him an amusing letter describing the effect that Ménage's *esprit provocateur* had had on 'nostre Academie', inciting the members practically to fisticuffs. Huet wrote, on 13 October 1663:

Vostre depart m'a si bien fait oublier le plaisir que j'avois de vous posseder icy, que je ne saurois plus penser qu'à celuy que j'auray l'année prochaine de vous y revoir / J'espere que vous y reviendrez de meilleure heure, & que vous apporterez avec vous un tel equipage d'opiniastreté [...]. Vous avez si bien mis tous nos Academiciens en humeur contestative qu'ils n'abordent plus les gens qu'avec un *que si, que non* / Mr. Vicquemant[22] est devenu tout à fait feroce, & M. de Grentemesnil[23] qui prenoit les gens au bras en disputant, les prend à cette heure à la gorge / J'aurois eu plus de raison de dire de vous que de cette personne dont nous parlions dernierement, que vous nous avez laissé vostre esprit de contestation comme Elie laissa son esprit double à Elisée / Cela estant ainsi, je suis d'avis que nostre Academie qui ne s'est point donné de Titre jusqu'à présent, se nomme

---

20. Huet, *Mémoires*, pp. 142–9 (pp. 142–3).
21. Ithaca, NY and London: Cornell University Press, 1989.
22. Corneille Vicquemant, a physician, a regular attender at the Académie de physique (Lux, *Patronage*, p. 58, note 3).
23. Jacques Le Paulmier de Grentemesnil (1587–1670), an admired *érudit* and poet in Latin and Greek, was the son of the cider-loving doctor and friend of Montaigne Julien Le Paulmier.

l'Academie des Opiniastres / Pourquoy non, aussi bien que les Academiciens de
Viterbe qui s'appellent *Ostinati* / Et pour devise, nous prendrons ce vers
qui velit ingenio cedere nullus erit[24]

This unpublished letter is of particular interest. It appears to describe the
established Académie, which met in the Hôtel d'Escoville, the sumptuous town
house of its founder, Jacques Moisant de Brieux, from 1652 to 1674. From the
conclusion, though, there is the curious possibility that Huet might be referring to
the new offshoot which, with its smaller membership, met in his own house: the
older academy already had the informal name of the 'Académie du Grand
Cheval', while the new gathering could well still be looking for a memorable
name. Furthermore, Huet's proposed motto is suggestively reminiscent of the
motto of the recently founded (1660) Royal Society of London, which had served
as the specific model for the Caen group: 'Nullius in verba'. It seems as though, at
the very least, Huet had his new academy in his mind as well as the older one
when he wrote to Ménage.[25]

In one important episode, Lux has misrepresented the internal dynamics of
the Académie de physique, and the personal factors that motivated them, through
a misunderstanding of the text of a letter from Graindorge to Huet.

In his efforts to demonstrate that the problems of the Académie de physique
stemmed largely from a snobbish sense of social hierarchy, Lux consistently
understates the intellectual and, indeed, social status of Graindorge and
exaggerates that of Huet.[26] The differences between the two men were real, but
seem at least as much to have been a question of personality: Graindorge

---

24. Martial had written 'qui velit ingenio cedere rarus erit' (Epigrams, book VII, l. 18), but
    Erasmus had already adapted the phrase to 'nullus erit' in a letter to John Colet (Erasmus,
    Opera omnia, 10 vols (Leiden: P. van der Aa, 1703–6), V (1704), col. 1265).

25. If this is the case, it would necessitate some modification of Lux's conclusions. From the
    contradictory accounts in Huet's *Commentarius* and his *Orgines de Caen* – where the
    founding of the Académie de physique is dated to 1664, and its end to 1676 (pp. 233–5)
    – and Graindorge's letters from Paris in 1665–6, Lux argues for the existence of an
    informal 'assemblée' from 1662, which only reorganized itself into a full 'Académie de
    physique' in 1665. He admits, though, that very little is known about the early years of
    the new group, or who exactly attended, although Vicquemant was certainly attending in
    1666 (p. 58, note 3). It should be noted, also, that neither of the dates that Huet gives in
    the *Origines*, for the start or end, matches Lux's proposals, and these dates in the *Origines*
    should probably be regarded as erroneous.

26. Graindorge had attained noble rank in 1653 and became an *échevin* of Caen, whereas
    Huet's claims to nobility were more fragile than he allowed to be understood. Huet relates
    with indignation how, in the clampdowns on fake titles, his own pretensions were twice
    seriously challenged (how dare they?); lacking the necessary documentation, he had to
    pull strings with well-placed friends to have his *titres de noblesse* confirmed. See Huet,
    Mémoires, pp. 120–2.

undoubtedly had a less imposing personality and significantly weaker leadership qualities than the highly ambitious and indomitably self-confident Huet, and as a result was less successful in motivating colleagues.

A key episode in Lux's argument is the fact that one member of the Académie de physique, Jean Gosselin, chevalier de Villons (1619–?), rarely attended the academy when Graindorge was presiding in Huet's absence, and resigned in 1670. Lux attributes this to Villons's contempt for Graindorge as his social inferior, basing this view on one crucial phrase in a letter from Graindorge, in Caen, to Huet in Paris, reporting Villons's resignation. According to Lux, Graindorge wrote: 'Il [Guy Chamillart, the Intendant and *chef* of the academy] ma dit quil ne prend pas plaisir a dire les choses quil fait mais quil a bien parté et de notre Académie en general et de moy en particulier'.[27] The text as quoted is clearly impossible. The word given as 'parté' is a mistranscription for 'parlé', and Graindorge's letter means the opposite of what is claimed: far from expressing his silent contempt, Villon 'a bien parlé et de notre Academie en general et de moy en particulier'. Worse, the key phrase is repeated later in the book, in a translation which contains two serious misunderstandings: '[The Intendant also] said that he took no pleasure in saying these things, but that [Villons was glad] to leave our academy in general and me in particular.'[28]

In fact, Villons resigned from the Caen academy because he was in Paris and had been elected to the Parisian Académie des sciences. He had been working intensively for some years on a radical new drive mechanism for a clock, which was arousing a great deal of interest, had potential as a marine chronometer, and led to a royal commission. The real reason for his reluctance to communicate details of his work, to any colleagues and in particular to Graindorge, was most probably professional caution. As was normal in the early modern period – and indeed now – an inventor took great care not to make public the secrets of his success until he had been able to capitalize on them himself. Graindorge had very well placed connections in Parisian scientific circles after a successful recent stay in the capital, while Huet, at that stage, did not. Hence there was no problem when Huet was presiding over the academy; but when Graindorge took over, Villons kept quiet about his horological inventions, kept his cards close to his chest, and 'ne prend pas plaisir à dire les choses qu'il fait'.

---

27. Lux, *Patronage*, p. 59, note 5, quoting from Biblioteca Medicea-Laurenziana MS A 1866, 702. See also p. 60, note 9, where a quote from a different letter again actually seems to mean the opposite of what is claimed: far from complaining that he alone is kept in the dark, Graindorge is saying that Villons is keeping his work secret from everybody: 'M. l'Intendant me dist bien que le chevalier travailloit sans nous vouloir decouvrir sur quoy' (letter of 23 November 1667).

28. Lux, *Patronage*, p. 149.

The subsequent history of the Académie de physique can be briefly told.[29] Its activities and potential attracted the favourable attention of Colbert and, uniquely, it became an Académie royale in 1668; but the central recognition, organization, and generous funding that followed, which should have established its definitive success, instead proved fatal. It was placed under the directorship of the Intendant, Guy Chamillart, a constitution was drawn up, and its activities directed firmly to subjects of practical use, such as desalinating sea-water, clearing the bed of the Orne to make it navigable, and dissecting a great variety of fish. The results were generally disappointing: the desalination project worked in theory, but unfortunately the water it produced tasted utterly disgusting, while the clearing of the river-bed proved beyond their resources. Relations with the Parisian Académie des sciences were fraught: the Parisians regarded Caen as a useful subsidiary outpost, but the Caennais complained that the research reports they submitted were frequently rejected as inadequate or, if successful, were simply appropriated without acknowledgement.

Graindorge had high hopes for his magnum opus, a scientific treatise proving that, contrary to widespread belief, the *macreuse* (the scoter sea-duck) did not generate spontaneously from ships' barnacles. Ironically, Moisant de Brieux, the director of the principal Académie de Caen, encouraged him to present it in traditional literary form, with abundant quotations from ancient texts and earlier writers; yet it was on precisely these grounds that it came to be rejected by the Académie des sciences in 1672, as being too full of learned references and not sufficiently like a modern scientific treatise.[30]

Worst of all, the generous funding provided had a disastrous effect on personal relations and collegiality. Intense jealousy was aroused, and bitter quarrels ensued about its distribution. As Huet puts it: 'Plusieurs crurent bientôt mesurer les pistoles au boisseau, & chacun pensant à ses intérêts, ne pensà plus à ses études: & l'on vit décliner, & enfin se dissiper entièrement une societé, dont on s'étoit promis tant de fruit.'[31]

Huet himself was named *sous-précepteur du Dauphin* in 1670, and departed from Caen. In the absence of his formidable personality and organizational skills, the Académie de physique gradually petered out over the following few years.

With hindsight, a crucial problem for the Académie de physique was its lack of critical mass. With between six and ten people actively involved, representing a considerable range of specialized interests, there were simply not enough members with sufficient expertise to carry through its ambitious projects, or to

---

29. For a full account, see Lux, *Patronage*, pp. 81–182.
30. Ibid., pp. 154–8. The work was only published in 1680, four years after Graindorge's death: *Traité de l'origine des macreuses, par feu M. de Graindorge* [...] *mis en lumière par M. Thomas Maloüin* (Caen: J. Poisson, 1680).
31. Huet, *Origines*, p. 235.

keep one strand going if two individuals quarrelled, as was always likely to happen. Thus three men were active in the section on *physique*. Two, Hauton and Vaucouleurs, were medical doctors, and worked well together for several years. But unfortunately Hauton was an iatrochemical practitioner, and Vaucouleurs a Galenist; in the course of a medical dispute in 1670 they quarrelled violently and, when reproved, both stopped participating in the academy.[32]

However the lessons of the academy's failure were not wasted, and are of considerable importance for the development of the view of scientific enquiry as a distinctive enterprise, requiring its own kind of organization. The next specifically scientific provincial academy to be founded was the Société royale des sciences de Montpellier (*lettres patentes du roi*, 1706), and it is revealing to see what care was taken in its establishment to avoid precisely those weaknesses that undermined the Académie de physique de Caen. The academy was allowed no illusions as to its independence, but clearly defined as an extension of the Parisian Académie des sciences. Its constitution stated that it was to have five prescribed areas of activity, with three *membres titulaires* in each: mathematics, anatomy, chemistry, botany, and physics. Critical mass was thus established in each area, and the potential for disruption from individual animosities and jealousies minimized. And not least, no central funding was provided: finance had to be raised locally. The Montpellier academy enjoyed dramatic success through the eighteenth century. One cannot help reflecting that it owed an unspoken debt to the earlier and less happy experiences in Caen; and, no less, that it helped to establish the conviction that serious scientific enquiry needed to be treated as a completely distinct enterprise from the cultivation of *lettres humaines*.

32. Lux, *Patronage*, pp. 62–4.

Nottingham French Studies 56.3 (2017): 336–350
DOI: 10.3366/nfs.2017.0195
© University of Nottingham
www.euppublishing.com/nfs

'ERA UNA MERAVIGLIA VEDERLI': CARNIVAL IN COGNAC (1520) BETWEEN THE BASTILLE AND THE CLOTH OF GOLD

RICHARD COOPER

The itinerant court of the late Valois kings alternated between prolonged stays in Paris or Lyon, or in the hunting grounds of the Loire Valley, and periods of nomadic existence: the royal household, the courtiers, the ambassadors and the royal administration made up a large waggon train wending its way along poor roads, often in adverse weather, preceded by the *fourriers*, whose job was to find adequate accommodation. The itinerary of François Ier reveals a restless existence for his court over the early years of his reign,[1] crisscrossing the kingdom in a series of *joyeuses entrées*, military campaigns and the dispensing of regional justice, with royal documents and correspondence being signed both in grand châteaux and in remote villages. The young king put his own stamp on this tradition by a major enhancement of court ceremonial, of which the Field of the Cloth of Gold was to be the culmination, and by an ambitious building campaign, which would create new royal residences on the itinerary – at Blois, Chambord, Fontainebleau and Saint-Germain-en-Laye. But among his very first projects were his family homes – his mother's château of Romorantin, and his own birthplace, Cognac.

In the previous century, his grandfather, Jean d'Angoulême, and his father, Charles, had largely rebuilt the medieval château of Cognac,[2] which was given a new west wing overlooking the Charente and a new family chapel (where François would be baptized). The inventory of possessions of Comte Charles gives a description of the rooms of the château and an idea of the wealth of its furnishings.[3] The Angoulêmes had a particular penchant for tapestries, of which several are listed in the inventory: a set of seven called *la bergerie*, clearly of

---

1. *Catalogue des Actes de François Ier (1515–1547)*, ed. by Paul Marichal, 10 vols (Paris: Imprimerie nationale, 1887–1910), VIII, pp. 411–548.

2. Yves-Jean Riou, 'Cognac au Moyen-Âge. Naissance et développement d'une ville,' in *Cognac: cité marchande, urbanisme et architecture*, ed. by Robert Favrau (Poitiers: Service régional de l'Inventaire de Poitou-Charentes, 1990), pp. 3–27.

3. Edmond Sénemaud, 'La Bibliothèque de Charles d'Orléans, Comte d'Angoulême au Château de Cognac en 1496', *Bulletin de la Société archéologique et historique de la Charente*, 3e sér., II (1860), 48–83, 130–82.

pastoral scenes; nine others of hunting scenes, two others showing the life of Alexander the Great, and so on. It was here that the family also kept their library of manuscripts,[4] among the richest in France at the time, supplying about a third of the future royal library of France at the time of its transfer to the Château de Blois,[5] employing in Cognac the scribe Jean Michel and the miniaturist Robinet Testard,[6] as well as the celebrated painter Jean Bourdichon, to illuminate Charles's own magnificent Book of Hours.[7] Octovien de Saint-Gelais was a key figure in the court of nobles, prelates, artists, musicians and writers, whom the count and his wife Louise gathered around them in the château.[8] After the early death of Charles, his widow, a patron of the arts in her own right,[9] continued to commission manuscripts[10] and tapestries,[11] including one now preserved in

4. Gilbert Ouy, *La Librairie des frères captifs: les manuscrits de Charles d'Orléans et Jean d'Angoulême* (Turnhout: Brepols, 2007); Gustave Dupont-Ferrier, 'Jean d'Orléans, comte d'Angoulême, d'après sa bibliotheque (1467)', in *Mélanges d'Histoire du Moyen Âge*, ed. by Achille Luchaire, 3 vols (Paris: F. Alcan, 1897), III, pp. 39–92.

5. Jean Mesnard, 'Cognac et Angoulême centres intellectuels à l'aube de la Renaissance', in *Francois Ier*, *du château de Cognac au trône de France*, Annales du GREH, 16 (1995), pp. 113–42.

6. Pauline Reverchon, 'Robinet Testard enlumineur à la cour comtale de Cognac', *Bulletin de l'Institut d'histoire et d'archéologie de Cognac et du Cognaçais*, 6:4 (1994), 19–25; Kathrin Giogoli and John Block Friedman, 'Robinet Testard, Court Illuminator: His Manuscripts and his Debt to the Graphic Arts' *Journal of the Early Book Society for the Study of Manuscripts and Printing History*, 8 (2005), 143–88; *France 1500: entre Moyen Âge et Renaissance*, ed. by Elisabeth Taburet-Delahaye, Geneviève Bresc-Bautier and Thierry Crépin-Leblond (Paris: Réunion des Musées Nationaux, 2010), pp. 200–4.

7. Paris, Bibliothèque nationale de France: Ms. lat. 1173: facsimile, *Les Heures de Charles d'Angoulême* (Barcelona: M. Moleiro, 2014).

8. Richard Wexler, 'Music and Poetry in Renaissance Cognac', *Le Moyen Français*, 5 (1979), 102–14.

9. See Marie-Alexis Colin, 'Louise de Savoie et la Musique' in *Louise de Savoie, 1476–1531*, ed. by Pascal Brioist, Laure Fagnart and Cédric Michon (Tours: Presses Universitaires François Rabelais; Rennes: Presses Universitaires, 2015), pp. 219–34; *Une reine sans couronne: Louise de Savoie, mère de François Ier*, exhibition at Ecouen, Musée national de la Renaissance (Paris: RMN, 2015).

10. Myra Dickman Orth, 'Louise de Savoie et le pouvoir du livre', in *Royaume de fémynie. Pouvoirs, contraintes, espaces de liberté des femmes de la Renaissance à la Fronde*, ed. by Kathleen Wilson-Chevalier and Éliane Viennot (Paris, Champion, 1999), pp. 71–90; Mary Beth Winn, 'Louise de Savoie, bibliophile', *Journal of the Early Book Society for the Study of Manuscripts and Painting History*, 4 (2001), 228–58; Kathleen Wilson-Chevalier and Mary Beth Winn, 'Louise de Savoie, ses livres, sa bibliothèque', in *Louise de Savoie (1476–1531)*, pp. 235–52.

11. Laure Fagnart, 'Louise de Savoie et la chambre des Bucoliques,' in *Louise de Savoie*, pp. 205–18.

Boston,[12] and the famous early copy of Leonardo da Vinci's fresco of the *Last Supper*, now in the Vatican.[13]

François went to Cognac at the turn of 1513–14 to join his mother, his sister Marguerite and her husband Charles d'Alençon for the New Year celebrations, which involved feasting, the exchange of gifts (*étrennes*) and the performance of plays for Epiphany. Exactly one year later, he had ascended the throne. There is evidence that the new king initially planned to accommodate his mother at Romorantin and he commissioned Leonardo da Vinci to design a large new château there,[14] for which the artist's drawings exist, and on which work was started, but never completed.[15] He was already employing a number of distinguished Italian artists apart from Leonardo, such as Andrea del Sarto, and from late 1517 a member of the celebrated Florentine family of enamellists, Girolamo Della Robbia (1488–1566), whom Bernard Palissy reports as having 'faict plusieurs belles choses aux Chasteaux de Coignasc et Madril'.[16]

François had similar ambitious plans for his native place,[17] and commissioning plans for extensive new buildings, so that it could in future accommodate his large itinerant court. The royal accounts show a large payment of 48,000 *livres* being made in 1518 for work on the château and town of Cognac.[18] These plans involved four major enhancements of the fifteenth-century buildings, which can be seen in the eighteenth-century plan (Fig. 1): formal gardens and a maze to the north (on the right of Fig. 1), a new decoration for the chapel shown in the centre-left, accommodation adjacent to the chapel for his sister Marguerite and her husband, and a long new wing and terrace on the riverfront.

It is possible that Girolamo Della Robbia had some supervisory role for the whole project, but much more likely that he was principally engaged on

---

12. *Tapestry of Louise de Savoie and François d'Angoulême* [1508–12?], 350 x 470cm, Boston, Museum of Fine Arts.

13. Vatican Museum, Room VIII, inventory 43789.

14. Jean Guillaume, 'Leonardo da Vinci et l'architecture en France', *Revue de l'art*, 25 (1974), 71–91; Ludwig Heydenreich, 'Leonardo da Vinci Architect of François Ier', *Burlington Magazine*, 94 (1952), 277–85.

15. Carlo Pedretti, *Leonardo da Vinci: The Royal Palace at Romorantin* (Cambridge, MA: Belknap Press, 1972); Pascal Brioist, 'Louise de Savoie et le projet de Léonard de Vinci à Romorantin', in *Louise de Savoie*, pp. 73–86.

16. Bernard Palissy, *Recette veritable*, ed. by Frank Lestringant (Paris: Macula, 1996), pp. 255, 267.

17. Alain Lange, 'Cognac dans les fastes de la Renaissance', *Bulletin de l'Institut d'Histoire et d'Archéologie de Cognac et du Cognacais*, 5:2 (1987), 37–43 (p. 38).

18. *Catalogue des Actes de François Ier*, V, nos 16532, 16571, 16754, January and July 1518: (Paris, Archives nationales de France: KK 289, fols 274–5^{v}).

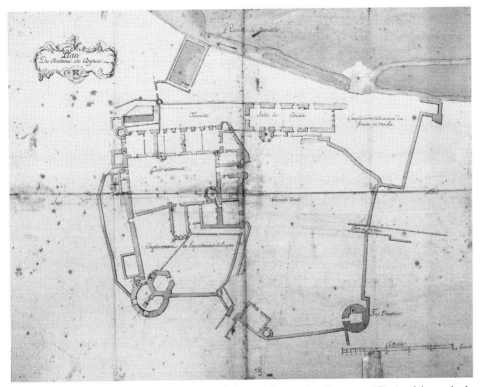

Figure 1. Eighteenth-century plan of the Château de Cognac (© Archives de la Maison Otard).

embellishing the family chapel,[19] which he paved with enamelled tiles, and the walls of which he hung with twelve large glazed medallions of the Apostles. For the east end he produced a large enamelled terracotta altarpiece, which is preserved in an incomplete state in the Musée National de Céramique in Sèvres: the magnificent central panel is intact, portraying the Birth of the Virgin, set between pilasters embellished with grotesques of putti and candelabras. The second element of the major facelift to the château was a set of apartments, next to the chapel, for François's sister Marguerite and her husband. Little can be judged of what must have once been elegant accommodation, since in all existing plans it is already described as in ruins, and only the site is indicated. The third and most important new element was a long new range overlooking the river, adjoining the fifteenth-century wing (on the top left of the plan). It is difficult to

---

19. Thierry Crépin-Leblond, 'Le Retable de la chapelle de Cognac et l'influence de Girolamo della Robbia en France', *Bulletin de la Société de l'histoire de l'art français*, 16 (1996), 9–21.

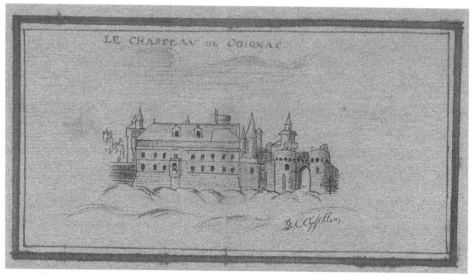

Figure 2. Seventeenth-century drawing by Claude Chastillon of the Château de Cognac from the West (© Archives de la Maison Otard).

reimagine this François Ier wing, the two upper floors of which had largely fallen into ruin by the eighteenth century and were demolished, although the vaulted lower floor, formerly divided by monumental fireplaces into two rooms, has survived almost intact. On the two floors above these, two long vaulted chambers were a series of rooms, four bays long, and a grand terrace overlooking the river.

The king and his mother were not slow to put to good use these newly (and rapidly) completed buildings, since they could now accommodate the hundreds of people – and the baggage train – making up the itinerant Valois court. François still had hopes of being elected emperor and had been putting on elaborate court festivals. Following his triumphal entry into Lyon, at which he was reportedly presented by the Florentine community with a mechanical lion, the Florentine Marzocco, possibly designed by Leonardo,[20] one of the first provincial festivals was held in October 1517 at Argentan, where the king and court had come to visit his sister Marguerite, who had arranged the entertainments. Accounts by the ambassadors of the Marquis of Mantua describe the royal entry on 1 October, the challenge, the jousting of the king and his twelve (Arthurian) knights to rescue imprisoned damsels, and the hermit who proffered a magic wand and charged the king to rescue the town from a fierce lion: when the king struck this (same as in Lyon?) lion, it opened to reveal a white *fleur de lys* in a blue field, which was

---

20. Jill Burke, 'Meaning and Crisis in the Early Sixteenth Century: Interpreting Leonardo's Lion', *Oxford Art Journal*, 29:1 (2006), 79–91.

interpreted as meaning Love.[21] There followed yet more jousting and fighting on foot, and a concluding banquet. The second day saw another banquet and another automaton, a large golden heart which opened to reveal a statue of Cupid, armed down one side, and pale, ragged and weeping down the other, the significance of which was left to the courtiers to guess.

Court entertainments were becoming more inventive – as the ambassador writes, 'glie sarà ogni giorno representate cose nove'[22] – shortly to be seen in the elaborate double celebrations in Amboise in May 1518 for the baptism of the Dauphin and the marriage of Madeleine de La Tour d'Auvergne and Lorenzo II de' Medici. It is generally thought that Leonardo designed the triumphal arch and the spectacular re-enactment of the Battle of Marignan, although his name is not mentioned in the printed album,[23] nor in the highly detailed despatches to the duke of Ferrara and the marquis of Mantua. The festive sequence continued the next month, with the festival put on for the king by Leonardo in the Clos Lucé, at which he recreated the machinery for the 1490 Sforza marriage in Milan, *Festa del Paradiso*, displaying the sun, moon, planets and zodiac signs moving around the heavens.[24] In December 1518, as Stephen Bamforth and Jean Dupèbe have shown,[25] François arranged a lavish welcome for the English ambassadors to France, with an extravaganza in the Bastille to mark the betrothal of the infant Dauphin and Henry VIII's daughter Mary, which was immortalized in official albums,[26] but for which there are also important unpublished accounts.

One way to view the little-known Carnival festivities in Cognac in February 1520 is as a staging post in Anglo-French relations between the Bastille

21. Archivio di Stato [AS] Mantua, Gonzaga 634, fol. 127^v, Rainaldo Ariosto – Marquis of Mantua, 1 October 1517; ibid., fol. 209, Alexander Trivultio – Marquis, 4 October; ibid., fol. 266, Anastasius Turrionus – Marquis, 3 October.

22. Ibid., fol. 266^v, Turrionus – Marquis, 3 October 1517: 'new things will be staged for him every day.'

23. *Le Baptesme de monseigneur le daulphin de France* ([Paris], n.n., 1518); Margaret McGowan, *Dance in the Renaissance: European Fashion, French Obsession* (New Haven: Yale University Press, 2008), p. 135.

24. Mantua, AS: Gonzaga 634, Galeazzo Visconti – marquis, 19 June 1518, printed in Marino Sanuto, *I Diarii*, ed. by Rinaldo Fubin et al., 58 vols (Venice: Visentini, 1879–1902), XXV, cols 510–11.

25. Bernardino Rincio, *Silva apparatum, ludos, convivium breviter dilucideque explicans*, (Paris: Jean de Gourmont, 1518); *Le Livre et forest contenant et explicant briefvement l'appareil, les jeux et le festin de la Bastille* (Paris: Jean de Gourmont, 1518); Stephen Bamforth and Jean Dupèbe, 'The Silva of Bernardino Rincio', *Renaissance Studies*, 8:3 (1994), 256–315.

26. Bernardino Rincio, *Le Livre et oraison contenant les louenges du mariage de monsieur le daulphin* (Paris: Jean de Gourmont, 1518).

celebrations of December 1518 and the Field of the Cloth of Gold in June 1520:
the English ambassador, Sir Thomas Boleyn, with his daughters Mary and Anne,
was present in Cognac, where he was joined by his successor Sir Richard
Wingfield, who took over from him the planning with Wolsey of the forthcoming
meeting between Ardres and Guînes. But the Cognac festival was just as much an
affirmation of the pride of the Angoulême branch of the Valois, who wanted to
bring the whole court and the ambassadors of Europe to the king's birthplace,
lavishly restored and enlarged, to witness a three-week celebration of Carnival,
before proceeding to Angoulême for a solemn reinterment of Charles, father of
François and his sister Marguerite.

The account in Louise de Savoie's own journal is succinct: 'je feis un festin,
grand et magnifique, à l'honneur et louange dudict lieu de Congnac, auquel mon
fils sortant de moi avoit pris sa tresheureuse naissance'.[27]

This gives little idea of the extravagance of the festivities, which lasted three
days up to Mardi Gras, 21 February 1520, and then well on into Lent. There are
several contemporary witnesses to those weeks of celebrations in Cognac, who
testify to the inventiveness of the events. The court chronicler, Jean Barrillon, had
wind of preparations which Louise was making for a grand entry for Queen
Claude, 'parce que Madame vouloit monstrer sa magnificence'; he reports that
there were chivalric sports, 'plusieurs triumphes avec des combatz qui furent
faictz parmy le parc de Congnac par des gentilz hommes habillez du temps du
Roy Arthus et de la Table ronde'.[28] The Poitiers chronicler, Jehan Bouchet,
described it as 'la plus riche, nouvelle, et somptueuse qu'on veit onc. Car
s'estoient rencontres et batailles, par fictions Poëtiques', although enjoyment was
impaired by the weather, by the 'grandes gellées, qui se convertirent en pluyes',[29]
a major risk with outdoor festivals held so early in the year. A prominent courtier,
Robert de La Marck, had attended the grand Bastille reception for the English
ambassadors, and had seen many such court festivals, but he described the
Cognac Carnival as far superior and much more expensive: 'Et vous assure que si
le festin des Anglois, jouxtes et tournois avoient esté beaux, encore feust cestui-là
le plus beau, et vous jure ma foi qu'il cousta plus de cent mille escus',[30] a
princely – and perhaps fanciful – sum. Or was it?

Echoes of this festival, attended by foreign ambassadors, had reached the ears
of the Venetian diarist, Marino Sanuto, who had access to the dispatches of the

---

27. Louise de Savoie, 'Journal,' in *Nouvelle collection de mémoires*, ed. by J.-F. Michaud &
     J.-J. F. Poujoulat (Paris: Guyot frères, 1851), V, p. 91.

28. *Journal de Jean Barrillon, 1515–21*, ed. by P. de Vaissière, 2 vols (Paris: Renouard,
     1897–9), II, pp. 162–3.

29. Jean Bouchet, *Les Annales d'Aquitaine* (Poitiers: Marnef, 1557), fol. 205ᵛ.

30. *Mémoires du Maréchal de Floranges*, ed. by Robert Goubaux and Paul-André Lemoisne
     (Paris: Renouard, 1913), I, pp. 230–1.

Venetian ambassador, Antonio Giustinian, who in two reports to the Senate described in great detail everything that Louise had prepared to honour her daughter-in-law, making full use of the new constructions, the river and the adjacent parks.[31] Other detailed reports were made by the Ferrarese and Mantuan ambassadors, but few despatches survive of Sir Thomas Boleyn, who was charged by his successor to report to Henry VII on the jousts and tourneys.[32]

In early January, the ambassadors reported a degree of confusion in plans for Carnival, which were distracting the king from politics. The diplomats had arrived in Cognac by mid-January, where they witnessed the king and Marguerite overseeing feverish preparations: 'qui fannosi gran fabriche nel Cas[tello] ove allogiarà et preparamenti de fare giostre',[33] as well as plans for dancing and stag hunting; they were working to 'mettere in ordine questo castello e finire veramente bello alozamento et bene fornito di belissime tapezzarie tutto',[34] but the diplomats had doubts whether all would be ready in time,[35] and for lack of lodgings had to stay in Poitiers or Saintes.[36] Whilst her brother went hunting, Marguerite was taking the lead 'quasi come forriere per devisare et partire li alloggiamenti del Castello',[37] and any diplomatic discussions were suspended while festivities were being finalized. The ambassadors were left in limbo while the king visited La Rochelle and then Saintes, delaying his arrival in Cognac until mid-February and putting off the queen's entry until Sunday 19 February, leaving barely three days for Carnival, with the consequent need to spill over into Lent.[38]

---

31. Sanuto, *I Diarii*, XXVIII, cols 342–51.

32. Boleyn reports in December 1519 on the plans to go to Cognac, from where he and his successor send dispatches between January and March 1520, see London, British Library: Cotton MS Caligula VII, fols 162, 164^v, 168, 170, 171–2, 176–7, 181; summaries in *Letters & Papers, Foreign and Domestic, Henry VIII*, ed. by J. S. Brewer et al. (London: Longman, Green, Longman, & Roberts, 1862–1932), III (1867), nos 665–6.

33. Modena, AS: Archivio Segreto Estense, Carteggio Ambasciatori, Francia, Busta 6, Aldrovandino Sacrati – duke of Ferrara, 18 January 1520 ('great building work is going on in the castle where he will stay, and preparations for jousts').

34. 'Put this castle into shape and complete the very fine accommodation hung everywhere with superb tapestries.' Mantua, AS: Gonzaga 636, fol. 36, Suardino – marquis, 8 January 1520.

35. Modena, AS: Busta 6, Sacrati – duke, 18 January 1518.

36. Mantua, AS: Gonzaga 636, fol. 49, Suardino – marquis, 11 February 1520: 'per la incomoditate de li alozamneti io me sono conduto in questa villa [Saintes]'.

37. 'Almost like a quartermaster, arranging and assigning the castle accommodation.' Modena, AS: Busta 6, Sacrati – duke, 26 January 1520.

38. Mantua, AS: Gonzaga 636, fol. 46, Suardino – marquis, 3 February 1520: 'e li si farà Carnevale como giostre e danse e qualche giorno della quadragesima'; ibid., fol. 53, 16 February 1520: 'farano una entrata solenne et preparanse mille belle cose per fare un tale entrata e feste e giochi e giostre'.

Figure 3. Prospect of Cognac from the West (© Archives de la Maison Otard).

A further reason for this delay was the adverse weather: the organizers might have been hoping for a break in the fortnight's continuous rain, which one ambassador sadly records as lasting right up to Carnival.[39]

Although the Italian ambassadors had to explain to their masters quite where this remote town was, they were impressed on arrival to discover a 'bellissimo palazzo', set on a knoll beside the Charente, with the extensive hunting grounds of the Grand Parc to the north, which Charles d'Angoulême had enclosed with walls in about 1482, and the circumference of which the Venetian ambassador estimated to be six miles long. He described the Grand Parc as full of woods and meadows, stocked with a rich variety of game and with a lake 'abondantissimo di ogni sorte di pesce' [teeming with all sorts of fish], created by Jean d'Angoulême, who had dammed a stream to create the Étang de Solençon, draining a previously marshy area and providing a rich supply of fish for his court. Adjacent to the castle was the Petit Parc with its maze.[40] The setting, with the Charente flowing between, can be seen in this seventeenth-century drawing showing the setting of the Carnival procession on the left and in the foreground (Fig. 3).

39. Mantua, AS: Gonzaga 636, fol. 56, Suardino – marquis, 20 February 1520: 'sono da 15 giorni che non fa che piovere et le strate sono qua di quella sorte che sono da Mantua a Curtatone quando sono in tutta tristeza'.

40. The journal of Louise de Savoie records her receiving news from court having just entered 'mon parc, et près du dédalus': 'Journal', p. 88.

The château itself captured the Venetian envoy's imagination. Set around three courtyards, the enlarged property now had no less than 180 rooms, large and small, 'molte sale, camere, anticamere et retrocamere, et d'intorno si va per galarie' [Many rooms, chambers, antichambers, backchambers, linked all around by corridors]; no wall but was hung with 'tapezaria inextimabel' [priceless tapestry], brand new ones in the royal apartments, specially commissioned for the occasion, whilst the previous hangings were transferred to the quarters of the ambassadors and courtiers, Louise de Savoie wishing to show her goodwill to all in her own château. The envoy gives precious details of some of the tapestries, either in gold and silk, or just silk or wool: 'cum istorie antique et moderne, varie fabule et diverse poesie, et tra le altre vi sono tutti i triumphi del Petrarcha tanto bene hystoriati, quanto se vedesfse mai' [with ancient and modern subjects, diverse fables and poems, among which are all the Triumphs of Petrarch, as well depicted as you have ever seen]. To recapture an idea of how the state rooms would have looked for this Carnival, one can refer to the various tapestries of the Triumphs of Petrarch known to have been woven for French patrons at this period, of which one complete set hangs in the Kunsthistorisches Museum in Vienna.[41]

The triumphal entry route on the Sunday of Carnival, 19 February, started from the north through a breach opened in the walled Grand Parc,[42] the queen travelling in a litter of black and gold drawn by two mules,[43] followed by another bearing her sister, Renée de France, with a large troupe of noblewomen on horseback in train. She was initially met by Mercury, who announced that all the gods had descended to greet her, and who guided her through all the subsequent tableaux, each of which comprised the appearance of a god, followed by a skirmish of cavalry or of knights on foot,[44] the whole witnessed by rain-sodden courtiers and ambassadors trying to note down the events. It was quickly to become clear that the lengthy programme had started too late for a day in February, and that the Carnival pageant would take place not only in rain, but in fading light.

In the first tableau, in an open space in the Park, Diana[45] came to greet the queen in a classical triumphal chariot drawn by four horses, brandishing her bow and ushering in a joust by light cavalry numbering between twelve and forty

41. *Triumph of Fame*, Vienna, Kunsthistorisches Museum: Inv. KK_T_CI, 428 x 585cm.; cf. Alfonso S. Cavallo, *Medieval Tapestries in the Metropolitan Museum of Art* (New York, Metropolitan Museum of Art, 1993), pp. 463–78, no. 33.

42. Mantua, AS: Gonzaga 636, fol. 56, Suardino – marquis, 20 February 1520: 'et tutto per uno barco serrato da muraglia, ma fato una porta nel muro del barcho'.

43. Together with Louise de Savoie according to Suardino (ibid.).

44. Sanuto, *I Diarii*, XXVIII, col. 343.

45. Or the Moon, according to Suardino (letter of 20 February).

depending on the witness.[46] The queen and the spectators moved on to discover a second tableau, in which Apollo[47] appeared in a rich chariot, while two teams of twelve men at arms fought with swords, each side led by the foremost captains at court, the Constable Charles de Bourbon and Louis II de la Trémouille.[48] The third tableau, which is only described by the Venetian ambassador (but must have taken place, so that all planetary gods could be involved), introduced the chariot of Venus, 'con tutte le sue poesie' [with all her poetry], and two bands of armed men, who battled it out.[49] All witnesses agree on the fourth tableau, further on in the procession, which represented the forge of Vulcan, out of which, amid clouds of fire and smoke, emerged a team of knights on foot (six, a dozen, or sixteen depending on the witness), who fought with swords and hammers against a similar sized team led by Monsieur Alischuto, probably Thomas de Foix-Lescun, against a deafening boom of artillery and fireworks.[50] The procession moved on to witness the fifth tableau, set in another clearing, into which entered three ornate chariots bearing Saturn, Jupiter and Mars, accompanied by two bands of twelve, fifteen or twenty warriors, one led by François Ier in person, who engaged in a 'terribel battaglia' in which no quarter was given, not even to the monarch.[51]

The scene now changed from the wooded park to the riverbank, and from the cacophony of arms to the harmony of music, but with the light fading fast. The queen crossed the Charente by a newly built bridge to an island in the river, where she was approached by boats full of singers and musicians, two in the form of Dolphins, one commanded by Neptune with trident, two other boats in the form of Sirens, and two others in the form of Swans, which Sanuto's source says 'era una meraviglia vederli' [it was wonderful to see].[52] Other boats followed, two full of the armed men from the earlier tableaux, commanded by Neptune and Mars,[53] who, to martial music (which the ambassadors could hear), performed further

---

46. Sanuto, *I Diarii*, XXVIII, col. 343; Suardino (letter of 20 February); Modena, AS: Busta 6, Sacrati – duke, 20 February 1520.
47. Or the Sun according to Suardino (letter of 20 February).
48. Sanuto, *I Diarii*, XXVIII, col. 343; Suardino (letter of 20 February).
49. Sanuto, *I Diarii*, XXVIII, col. 349.
50. Ibid.; Suardino (letter of 20 February): 'et como sono de schioppi et archibusi et se baterno inscieme'; Sacrati (letter of 20 February).
51. Suardino (letter of 20 February); Sacrati (letter of 20 February).
52. Sanuto, *I Diarii*, XXVIII, col. 344; Suardino (letter of 20 February): 'et già incomenzava ad farse sera, et agionti che se fu ad uno ponte che traversa una rivera che passa per Cugnacho, afermati se vide venire al insuso due che cantaveno: vi era un altra nave aconzata in uno dalfino e Neptuno [...] aconzato in due serene, et in tutto vi erano dentro o piffari o cornetti'; Sacrati (letter of 20 February).
53. Suardino (letter of 20 February): 'comparse due navi piene de armati et erano quelli che a cavallo avevano combatuto, et a sono di tronbette et tanburi se batavino inscieme'; Sacrati (letter of 20 February): 'et caminandosi per la dicta rivera se incontrorno in due nave

feats of arms (which they could not make out in the gloom and the rain, despite abundant torches and fireworks).[54] Another vessel appeared like a Venetian *bucintoro*, which fired out not flames but perfumed water, and was captained by the king's admiral, Guillaume Gouffier de Bonnivet, who welcomed on board the queen, Louise de Savoie and their ladies,[55] and all the various planets, whilst the Chancellor Antoine Duprat and the sodden ambassadors on horseback took their leave.[56] As night fell, the queen's boat sailed off to the sound of music and singing, 'et per il ribombar de la valle pare si sentisse li cori de li angeli cantare',[57] taking the party to the château, where they disembarked. The gods of the underworld emerged explosively from a cavern to try to bar her way, but were driven back with deafening din, 'che parea il mondo tremasse' [as if the whole world were shaking], and she was welcomed to the château, under triumphal arches and across a new bridge, to the sound of victorious military fanfares from a thousand instruments and voices.[58] The Ferrarese ambassador's judgement on the queen's entry was wholly positive: 'Veramente lo è uno sumptuoso et bello triumpho',[59] a pleasure heightened by the prospect of further celebrations over the two remaining days of Carnival.[60]

Although it was already past eight in the evening,[61] the festivities continued in a great hall of the château, illuminated by torches, where a 'triumphante cena' [triumphal dinner] was served, presided over by the king, seated between the queen and his sister Marguerite, and attended by four cardinals and by the ambassadors of the pope, the emperor, Henry VIII, Venice, Ferrara, and Mantua, the seating arranged to place a lady between each pair of men, all elegantly

---

armate che suso una Neptuno et in l'altra Marte, et l'una contra l'altra combattano gagliardamente'.

54. Suardino (letter of 20 February): 'et già inscurito che più non se li vedeva'; 'vero che se sentivino ma non se vedevino, non obstante che dreto la riva da un canto de la rivera gli fusseno da molte lumere ascese et in navichando fusseno butati da molti fochi artificiati per l'aqua et tirato molte artiglierie'.

55. Sanuto, *I Diarii*, XXVIII, col. 344–45; Suardino (letter of 20 February); Sacrati (letter of 20 February).

56. Sacrati (letter of 20 February): 'ma per essere sera et anche per la piogia che era cominziata sino la matina male si potè vedere et ciaschuno ben bagnato se ritornò a casa'.

57. 'And the echoing in the valley sounded like choirs of angels singing.' The second Venetian account embroiders, saying that 'me pare de star nel Paradiso tra li cor de li angeli et archangeli' (Sanuto, *I Diarii*, XXVIII, col. 350).

58. Sanuto, *I Diarii*, XXVIII, col. 351; Suardino (letter of 20 February).

59. 'It really is a fine and sumptuous triumph.' Sacrati (letter of 20 February).

60. Suardino (letter of 20 February): 'Dicese se fara questi dui giorni feste e giostre e banchetti; vero è che tutta via piove da bona sorte'; Sacrati (letter of 20 February).

61. Suardino (letter of 20 February): 'la regina montette al castello circha alle otto ore di qua'.

dressed in Italian fashion. After dinner, the king and his courtiers donned masks and danced till dawn. The detailed accounts for the evening show that this banquet alone cost no less than 2471 *livres*.[62]

Having started Carnival late, the court made up for lost time, with jousts and tournaments on both the Monday[63] and on Mardi Gras, 21 February, the latter involving sixty jousters in livery of silk and gold thread, followed by a great banquet to consume the last of the meat before Lent, to which were invited all the ambassadors, who helped to dance the night away.[64] Although the next day was the beginning of Lent, and fasting was observed, by the following Sunday, 26 February, chivalric pursuits were again in full swing, with a joust at which the king was a spectator. He was back in the saddle by 2 March, taking part with eight companions in the lists against a team led by François de Bourbon, the king excelling himself in the high number of tilts (38) and of lances broken (34 or 36) on his mount, which had been a gift of Federico Gonzaga, as his ambassador happily reminded him.[65] Bourbon, however, was struck by a lance, a sliver of which went through his visor and injured him below the eye, fortunately not fatally.[66]

The Venetian ambassador seems to have been worn out by the rhythm of jousting by day and dancing by night, and all the 'feste cum superbe collation, a le quali li homeni portavano le colation a le donne, et le donne poi a li homeni'.[67] The Mantuan ambassador echoes this, wondering what this supposedly Lenten programme held in store, given that the court was to remain in Cognac another week.[68] Not that, under the eye of Louise de Savoie, religious matters were neglected: there was a succession of 'messa, predicha, vesperi, et altri divini officii' [mass, preaching, vespers and other services] in the castle's chapel, providing spiritual food to match the 'gaudio corporal et solazo al corpo' [bodily pleasure and comfort].[69]

---

62. Paris, Archives nationales de France: KK 94, fols 108ᵛ–21.

63. Modena, AS: Busta 6, Sacrati – duke, 25 February.

64. Ibid. 'L'ultima sera de Carnevale fu facto uno bello bancheto dove intervenero tutti li ambassatori et a ciaschuno fu dato il loco suo, quale fu molto solenne et grande et cond[egna] la Maestà, et poi si ballò quasi sino al giorno'.

65. Mantua, AS: Busta 636, fol. 69, Suardino – marquis, 3 March; Modena, AS: Busta 6, Sacrati – duke, 9 March.

66. Ibid.

67. Sanuto, *I Diarii*, XXVIII, col. 347: 'feasts with superb food, where the men first served the women, then the women the men'.

68. Suardino (letter of 3 March): 'Da poi ha passato Carnevale. La sera quasi ogni giorno s'è balato, et el giorno s'è corso fin eri, non so come farano da qua in dreto, tanto che qua se starà che secondo se dice, parase anchora cinque o sei giorni.'

69. Sanuto, *I Diarii*, XXVIII, col. 347.

The extended Carnival was not yet over. The court had been expected to leave on 4 March for Angoulême, where Marguerite had gone on ahead of her brother the king to prepare 'una suntuosa cosa', namely both the royal entry and the solemn interment in the cathedral of their father Charles d'Angoulême, who had died in 1496.[70] The departure was delayed, and court ceremony continued, with the resignation on 5 March of Lautrec as Maréchal de France, succeeded by his brother, Thomas de Foix, sieur de Lescun; and three days later the king held a formal chapter meeting in the chapel of France's highest order of chivalry, the Order of Saint-Michel, at which two new knights were admitted and given the collar of the Order, namely the new Maréchal Lescun and François de Bourbon, still not recovered from his jousting wound.[71] Given the high esteem with which the king viewed this Order, the ceremony made a fitting climax to the Cognac Carnival in Della Robbia's newly embellished chapel.

The court finally left on Friday 9 March, after three weeks in Cognac, and witnessed the king and queen making their entry into Angoulême on the following day, and the solemn reinterment on 12 March, in the presence of the diplomats, including the new English ambassador Sir Richard Wingfield, who had come to prepare future chivalric celebrations at the Field of the Cloth of Gold.[72] But Louise de Savoie had not yet finished with festivities in honour of the Angoulême family, and put on dinners and dances every evening, in anticipation of the grand closing banquet on Sunday 18 March before the court's departure for Blois.[73] The Ferrarese ambassador recorded his enjoyment of this final feast, partly because of the courtly ladies placed strategically next to each ambassador, and also because of the postprandial masking and dancing, which led him to ironize on what Louise de Savoie and her children had achieved over three weeks in their ancestral estates: 'et così se passa questa quadragesima in piaceri'.[74]

Clearly the 1517–19 building campaign had transformed the modest Angoulême seat into a royal château, capable in its 180 rooms of accommodating, feeding and entertaining a large court in very grand style. The Venetian observer described the work as very recent and the palace as almost finished, 'quasi finito, ché par li manca una particela, ma sarà de le bele cosse de

---

70. Modena, AS: Busta 6, Sacrati – duke, 2 March; Mantua, AS: Busta 636, fol. 66, Suardino – marquis, 29 February.

71. Mantua, AS: Busta 636, fols 74ᵛ–5, Suardino – marquis, 7 March; Sacrati – Duke, Busta 6 (letter of 9 March).

72. Modena, AS: Busta 6, Sacrati – duke, 12 March.

73. Modena, AS: Busta 6, Sacrati – duke, 16 March: 'Omni qual dì qui si fa bona ciera in banchettare et danzare, et Domenica che viene la Illma Madama farà uno sumptuoso banchetto'; Mantua, AS: Busta 636, fol. 86, Suardino – marquis, 15 March.

74. 'And as this Lent goes by, we enjoy ourselves.' Modena, AS: Busta 6, Sacrati – duke, 19 March.

Franza'.[75] Given that one evening banquet alone cost 2,471 *livres*, and that the Carnival celebrations lasted almost three weeks, perhaps La Marck's estimate of 100,000 *écus* is not so fanciful after all. To judge by the lavishness of the entertainments in his native place, and the echoes in France and abroad, François and Marguerite had clearly achieved their aim of honouring the queen and their family, as well as designing a courtly Carnival programme to match those being put on in Rome, Venice and Florence. The irony is that, after 1542, neither François nor his successor set foot in the château, which by the second half of the century was in poor repair, and under the Bourbons fell into ruin.[76]

---

75. 'Almost complete, because a small part seems to be missing, but it will be one of the finest things in France.' Sanuto, *I Diarii*, XXVIII, col. 351.

76. I am grateful to the Maison Otard for access to their archive on the Château de Cognac.

Nottingham French Studies 56.3 (2017): 351–365
DOI: 10.3366/nfs.2017.0196
© University of Nottingham
www.euppublishing.com/nfs

POETIC DEICTICS AND EXTRA-TEXTUAL REFERENCE (MALLARMÉ, SCÈVE, RONSARD, DU BELLAY)

JAMES HELGESON

> *i quaeso et tristis istos sepone libellos,*
> *et cane quod quaevis nosse puella velit!*
> (Propertius)[1]

How many quarrels, and momentous ones, have been produced in the world by doubt about the meaning of this syllable, 'this'?[2] (Or 'here'? Or 'I'?)

Catching a train to the airport recently, I had a few minutes and, not having eaten, I stopped in the station café. Uninspired by the sandwiches, I opted instead for a piece of cake for lunch. I was amused to see that there was a sticker on the packet claiming that the contents had been 'lovingly baked here'. I could not, of course, help but wonder about the location of 'here': rhetorically, the function of the indexical was to point ambiguously, such that I might think that the café was the *gemütlich* sort of place where people lovingly bake cakes, which may be the case but probably is not. And this thought leads to an observation: sentences containing everyday deictics – expressions like 'I', 'you', 'here', 'this', 'there', 'next year', and the like – are thought to have truth values relative to the moment and/or place of enunciation, such that 'You are going to Krakow next week' is true if, and only if, you are going to Krakow next week, and 'this cake was lovingly baked here' is true if, and only if, the 'here' referred to is in fact the kind of place where people lovingly bake cakes. But that formulation is not entirely adequate: 'tomorrow is another day' is, one hopes, true regardless of the circumstances of enunciation (and, apparently, yesterday was another day as well).

Deictics are among the expressions called, in recent linguistics, and particularly cognitive pragmatics, 'procedural' expressions. The distinction between 'conceptual' and 'procedural' expressions was proposed initially by

---

1. For reference and translation, see note 22 below.
2. 'Combien de querelles et combien importantes a produit au monde le doubte du sens de cette syllabe, Hoc', Michel de Montaigne, *Les Essais*, ed. by Villey-Saulnier (Paris: Presses Universitaires de France, 1965), book II, chap. 12, p. 527.

Diane Blakemore[3] and has been developed by, for example, Deirdre Wilson and Dan Sperber.[4] A 'conceptual' expression is one that encodes concepts constituting the truth-value of a given expression, e.g. 'tree', 'llama', 'panda', 'essay'. Others, 'procedurals' (for example: 'but', 'so', 'however', 'also', 'unfortunately', deictic expressions such as 'I', 'you', 'now', 'here' and 'yesterday', pronouns), are expressions used to constrain the kinds of inferences that can be made from utterances.[5] Pronouns (and morphologically marked verbal person) both count as procedurals; they are involved simultaneously in the truth-value of utterances *and* in the channelling of the inferences of their audience.[6]

One might, of course, expend considerable effort on attempting to clarify the use of deictics in language use more generally.[7] In this essay, I will look at how

---

3.   That is, to 'guide the *inferential comprehension process* by imposing [...] constraints on the construction of *contexts* and/or *cognitive effects*', Diane Blakemore, *Semantic Constraints on Relevance* (Oxford: Blackwell, 1987), p. 144.

4.   I am grateful to Kirsti Sellevold for encouraging me to explore the category of 'procedurals'. Deirdre Wilson has recently characterized this distinction in the following way: 'The conceptual/procedural distinction cross-cuts the truth-conditional/Non-truth-conditional distinction. [...] Some *non-truth-conditional* adverbials (for example, *unfortunately, seriously*) encode concepts. [...] Some *truth-conditional* items (for example, *I, she, now, then*) do not encode full-fledged concepts. [...] Some *non-truth-conditional* items (for example, mood indicators, particles, interjections, intonation) encode procedural constraints on *speech-act, propositional-attitude or affective-attitude* information (analysed in terms of *higher-order explicatures* rather than implicatures).' Wilson, 'Semantics, pragmatics and the conceptual-procedural distinction', paper given at the University of Ghent in November 2012, < http://www.gist.ugent.be/file/378 > [accessed 13 October 2015].

5.   Wilson, 'Semantics, pragmatics and the conceptual-procedural distinction'.

6.   See my somewhat longer formulation of Blakemore's distinction, inspired by Deirdre Wilson, in my 'Others' Dreams, Others' Minds in Descartes's *Meditations*', in *Cognitive Confusion: Dreams, Delusions and Illusions in Early Modern Culture*, ed. by Ita MacCarthy, Kirsti Sellevold, and Olivia Smith (Oxford: Legenda, 2016), pp. 111–24 (p. 113 and pp. 122–3). The importance of the deictic in punctuating temporality has been noted by Roland Greene: 'If each literary process is a temporal stream, deictics fashion the topography – the shortcuts, the obstructions, the reversals and clear channels – that determine the stream's pace, direction, and integrity, or the want thereof'. Greene, *Post-Petrarchism: Origins and Innovations of the Western Lyric Sequence* (Princeton: Princeton University Press, 1991), p. 25, quoted by Ullrich Langer in *Lyric in the Renaissance: From Petrarch to Montaigne* (Cambridge: Cambridge University Press, 2015), p. 173, n. 37.

7.   Demonstratives and, for example, their relationship to the problem of quotation, have been a major focus of contemporary philosophy of language, in particular that of Donald Davidson and David Kaplan. One point of departure would be Herman Cappelen and Ernest Lepore, *Language Turned on Itself: The Semantics and Pragmatics of Metalinguistic Discourse* (Oxford: Oxford University Press, 2008), chap. 10, which is a critique of Davidson's demonstrative theory of quotation.

the questions of reference create knotty problems when applied to fictional discourse – 'fiction', the art of feigning – and specifically in poetry. Deixis in poetry is particularly problematic, since it is unclear who or what is doing the pointing and who or what is being indicated. This lack of clarity is, in part, a function of the (perhaps) fuzzier reference of poetic terms. Yet, such reference may not be as fuzzy as one might have thought. Although a central tradition of twentieth-century poetics militated against first-person reference and, indeed, reference in general, in poetry – a category often tacitly taken by modern commentators to be co-extensive with the 'lyric' – the imperative to sever the link between poetic personae and the poet's person is nonetheless historically situated, for the most part, in post-Romanticism and the Mallarméan 'elocutionary disappearance of the poet'.[8] Early modern poetry presupposes intricate negotiations across genres and between authors as agents, authorial personae and poetic personae, but in ways different from those often assumed by modern commentators.

Intuitively, one might distinguish between several categories of deictics. The phrase 'that bicycle today in front of the Staatsbibliothek' suggests the availability of a particular material bicycle in front of a library (or what is presumed to be a bicycle) known to both the speaker and her listener. Such a deictic may be called, in the specified context, 'highly determined' (I will also use the term 'strong' as a synonym of 'highly determined'). But another sort of deictic is considerably 'weaker', less determined: for example the deictic contained in Keats's question: 'what little town by river or sea-shore, | or mountain-built with peaceful citadel, | is emptied of its folk, *this* pious morn?'[9] We might be tempted to keep such seemingly 'stronger' and 'weaker' deictics separate, but I shall argue that sixteenth-century poetry and poetic commentary presuppose the flexibility to move between such levels of precision in pointing (any such distinction between 'strong' and 'weak' is of course a provisional and necessarily scalar one). One could start from the assumption that, cognitively speaking, deictics work in 'fictions' (understood in that broad sense to include poetry) in a way rather similar to how they work outside of them and that deictics work in 'fictions' because humans are good at imagining counterfactual circumstances and understanding expressions *as if* they applied uncomplicatedly to our immediate surroundings.

I shall start with three examples of a particular subcategory of poetic deictics, for the most part demonstrative pronouns, and then look at two passages from Belleau's commentary on the second book of Ronsard's *Amours* (1560),

---

8.   'L'œuvre pure implique la disparition élocutoire du poëte, qui cède l'initiative aux mots.' Stéphane Mallarmé, 'Crise de vers', in *Divagations* (Paris: Eugène Fasquelle, 1897), pp. 235–51 (p. 246).

9.   John Keats, 'Ode on a Grecian Urn', ll. 35–7, *Selected Poems*, ed. by John Barnard (London: Penguin, 2007), p. 192.

examining both extra-textual reference and the rhetorical uses of the question of deixis in commentary. What is striking about poetic deictics is the way they pose difficult questions about the relationship between author and text, composition and reading, poetic experience and its aesthetic re-creation.

* * *

Here are three examples of deicitic demonstratives, one from a Mallarmé sonnet, the others from Renaissance poets:

Une dentelle s'abolit
Dans le doute du Jeu suprême
A n'entrouvrir comme un blasphème
Qu'absence éternelle de lit.

Cet unanime blanc conflit
D'une guirlande avec la même,
Enfui contre la vitre blême
Flotte plus qu'il n'ensevelit.

Mais chez qui du rêve se dore
Tristement dort une mandore
Au creux néant musicien

Telle que vers quelque fenêtre
Selon nul ventre que le sien,
Filial on aurait pu naître.[10]

[A piece of lace becomes nothingness
In the doubt of the supreme Game
Half-opening only, as a blasphemy,
An eternal absence of a bed.

This unanimous white conflict
Of one garland with the same
Pushed up against the pale windowpane
Floats, more than it enshrouds.

But, in one gilt by dream,
Sadly, a mandola sleeps
In the hollow music-making nothing

Such that, towards some window
According to any belly but its own,
Filial, one might have been born.][11]

---

10. Stéphane Mallarmé, *Vers et prose* (Paris: Perrin, 1893), p. 46. Translation and emphasis mine.

11. All otherwise unattributed translations are mine. I have included English versions here for the benefit of readers interested in the theoretical questions posed by deictics, but without easy access to historical varieties of French and neo-Latin.

The Mallarmé sonnet 'Une dentelle s'abolit' invites the reader to a difficult series of visualizations; it presents a series of hollow spaces. The diaphanous lace-curtain of a bedless sleeping chamber, pressed against the material invisibility of the windowpane, unfolds another empty space, the inside of an instrument (a lute set to resonate, bringing into birth song in a room emptied of human presence). The song resonates in the emptiness; it opens up the possibility of an impersonal, conditional birth. There is more than a hint of the harmony of opposites in 'cet unanime blanc conflit'. It is imagining the internal space of the room and its particularities that renders the sonnet intelligible, both syntactically and imagistically.

What difference does this demonstrative, this deictic, 'cet' make? Why 'cet unanime blanc conflit', this one in particular? Why not another one? How could one know the difference? How could one distinguish between such unactualized possibles?[12] What does an 'unanime blanc conflit' look like? Is the deictic simply a matter of euphony? ('Un unanime blanc conflit', which might have delighted a Grand Rhétoriqueur, is nonetheless problematic in its nasal assonance). Is the use of the deictic simply a matter of versification? ('L'unanime blanc conflit' is short a syllable). The deictic triggers the reader's imagination, in the sense of the power to create images, pointing to the intangible, abstract 'conflit' that subsumes the place of the lace falling into oblivion, swaddling the birth of song, of an instrument: ('hollow music-making nothing': 'creux néant musicien'). The demonstrative grabs the reader's attention, forcing her to attend to a difficult, but decipherable figuring of an abstraction, even if, in the end, we are left with more than one explanation. The seeming tangibility of 'cet' is put up against the difficult abstraction of the image, creating an impulse in the reader to take the image, I think, as a clearly intelligible conceptual expression. It softens an image that might otherwise seem punishingly abstract. The underdetermined nature of the deictic certainly adds considerably to the poem's effect.

A second example, the first dizain in Maurice Scève's 1544 collection *Délie: object de plus haulte de vertu*, demonstrates the immediacy that the use of deictics can impart to poetry:

> L'Œil trop ardent en mes jeunes erreurs
> Girouettoit, mal caut, à l'impourueue,
> *Voicy* (ô paour d'agreables terreurs)
> Mon Basilisque avec sa poingnant' veue
> Perçant Corps, Cœur, et Raison despourvue
> Vint penetrer en l'Ame de mon Ame.
>   Grand fut le coup, qui sans tranchante lame

---

12. The term 'unactualized possible' is W. V. O. Quine's. See his 'On What There Is?' in *From a Logical Point of View* (Cambridge, MA: Harvard University Press, 1953), chap. 1.

Fait, que vivant le Corps, l'Esprit deuie.
Piteuse hostie au conspect de toi, Dame,
Constituée Idole de ma vie.

[The eye, blazing, in my youthful errors,
Spinning about, imprudent, aimless.
Look here! – oh fear of delightful terrors –
my Basilisk, with its sharp, cutting glance,
piercing body, heart and helpless reason,
Burrowed into the soul of my soul.
    The blow was great – with no wounding blade –
It makes the body live, the heart stray from life,
paltry offering in your sight, Lady,
consecrated as my life's Idol.][13]

The 'voicy', which one might translate rather freely as 'look here', marks the moment of conversion from aimless wandering – the neologism 'girouettoit' ('was spinning about') – to wished-for stasis. The stasis is ultimately deceptive, dangerous, even idolatrous (the verb 'dévie' is ominous, both 'dying' and 'deviating'). The 'voicy' points once again at an intangible, this regal denizen of the bestiary of desire: the basilisk. It is an emblem of love-death, ultimately an ecstatic abstraction, *innamoramento*. The reader, in understanding, takes on this ecstatic pointing, sharing the conversion-moment of falling in love.[14] Deictics can, of course, point when what is pointed at is absent: 'voicy' in a poem is (1) the 'voicy' of the moment of composition; (2) the 'voicy' of the poem's conceit (for example: see, I, too, fell in love) and (3) a recreated 'voicy' in the mind of the reader who lives the moment of passionate conversion and no doubt its less desirable after-effects. The odd fusion of simple past (vint) and present (fait que [...] l'esprit devie') points at the past-presentness of the experience, one not contained by the past historic. (Neil Kenny has written about the evolving past historic and passé composé, and the problem of perfectal usage in precisely this period.[15])

---

13. Maurice Scève, *Délie: Object de plus haulte vertu*, ed. by G. Defaux, 2 vols (Geneva: Droz, 2004), I, p. 5. Translation and emphasis mine.

14. I am indebted, in this discussion of 'ecstatic pointing', to a conversation with Ullrich Langer in connection to a panel on poetry and deixis he organised at the March 2015 conference of the Renaissance Society of America, in Berlin, at which I read an early version of this essay. I borrow the expression 'ecstatic deictic' from Langer, *Lyric in the Renaissance*, where it is used, for example, in a luminous discussion of Petrarch's *Rime* 126 ('Chiare, fresche et dolci acque'). See, in particular, the final sections of chap. 2 (much of this chapter presents a lucid and convincing account of poetic deixis). I am a bit more sceptical than Langer about the singular nature of poetic experience, in particular in Ronsard.

15. 'Perfectal', that is to say a variety of past usage which impinges on the present, as in the English present perfect 'I have made' or, in some cases, the relevance of today's *passé*

So what this poem does – and in this it has much in common with many poems of *innamoramento* – is invite the reader to assume the position from which this 'ecstatic' deixis would make sense.

Both of these cases of deixis might well strike the reader as a rather curious way of pointing at anything. Let us turn to a third example, from Joachim Du Bellay:

BELLAIVS RONSARDO

Undique in Oceanum volvant cum flumina lymphas
      Cumque iris nubes hauriat Oceano
Fluminibus, Ronsarde, tamen nil crescit ab illis,
      Ut neque decrescit nubibus Oceanus,
Sic tua laus, totem quae latè amplectitur orbem
      Fluctibus immensi non minor Oceani,
Crescere nec potis est, nec ima decrescere, laude
      Omni hominum maior, maior et invidia.
Maiorem hic igitur magno te dicet Homero,
      Ille tibi magnum cedere Virgilium.
Mi satis est, veteri ut titulo se marmora iactant,
      Dicere Ronsardi est hoc quoque, Lector, opus.

[Bellay to Ronsard

Everywhere, the waters flow into the Ocean in rivers,
      and over the Ocean the rainbow draws up clouds.
Yet, Ronsard, the Ocean does not increase from these rivers,
      Nor does it decrease from the clouds.
So, your praise broadly embraces the whole world –
      With waves no smaller than the great Ocean's –
It cannot increase or decrease. The more men
      are praised, the more they are envied.
So, you will be said to be better than great Homer,
      To you, great Virgil will cede his place.
It is enough for me – an old inscription, a boast on marble plaques –
      To say that this work, Reader, is Ronsard's.]

This dedicatory epigram may well be the last poem Du Bellay ever wrote. It appears in the first volume of Ronsard's *Amours*, in Buon's 1560 Paris edition of Ronsard's collected works. The epigram is much involved with a circulation in

---

composé in French to the present moment of enunciation. See Neil Kenny, *Death and Tenses: Posthumous Presence in Early Modern France* (Oxford: Oxford University Press, 2015), pp. 62–74. 'So, in the period from the early sixteenth to the mid-seventeenth century, which can be described for convenience as the one of transition between Medieval and Modern French, the Passé Composé was still mainly perfectal in meaning but had usurped in some contexts the Passé Simple's preterite function' (p. 64). See Kenny's discussion of the Scève example, ibid., p. 130.

which things move about and yet stay in place; there is playful polyptoton: not just with the ocean and streams (*Oceanus, Oceano, Oceani, flumina, fluminibus*), but also with the name of the dedicatee Ronsard, whose name is transmuted from vocative to genitive (and then replaced by the reader, 'Lector'). The epigram takes up on a grammatical level this constant movement amidst the always-same. As in many such poems, the epideictic conventions allow for more barbed readings (nothing can be added to your praise; what does grow, however, is envy).

The closing gesture brings us to deixis. It transmutes the watery element in question, from liquid to stone, also muting his praise in a bald, deictic quasi-epitaph: 'this work – the second book of the *Amours* – is Ronsard's'. Perhaps the poem does betray, in extremis, more ambivalent feelings about Ronsard's fame, in particular given what Du Bellay has to say (channelling, as it were, Janus Vitalis) in the collection *Les Antiquitez de Rome* (1558), about the comparative durability of rivers and stones: 'Ce qui est ferme, est par le temps détruit | et ce qui fuit, au temps fait résistance'.[16] So in this last example, unlike in the previous two, what is in question is more concrete – Ronsard's work – and it is rather the fate of this work that is considered, and subtly questioned. We have moved from two examples of 'weaker' deixis to a considerably more concrete, 'stronger' example.

* * *

These readings suggest a further set of questions about extra-textual reference and deixis, namely the reference of pronouns in poetry and poetic commentary. There has been a remarkable amount of ideological resistance to reading biography in Renaissance poetry (take, for example, Marc Fumaroli's comments, in *Le Monde des livres*, in defence of Mireille Huchon's book on Louise Labé).[17] This resistance is odd, since evidence is massive that poetry collections in the sixteenth century were in fact produced and read according to biographical assumptions. Alessandro Vellutello's 1525 re-ordering of Petrarch contains long prefatory biographical notes in prose, for Petrarch and for Laura, and indeed was republished with such prose biographies repeatedly throughout the sixteenth century (twenty-six times). Philieul's 1555 French Petrarch, for example, follows Vellutello not just in its order, but also in these biographical assumptions. But certainly, the question of 'reading according to biographical assumptions' is a thorny one. Of course, one cannot read these biographies naïvely: they are naturally romanced fictions, intended to present the *ethos* of the poet, and the

---

16. Joachim Du Bellay, *Le Premier Livre des Antiquitez de Rome* (Paris: Federic Morel, 1558), p. 3.

17. Marc Fumaroli, 'Une géniale imposture', *Le Monde des livres*, 11 May 2006.

commentator by association, in the most flattering light, and to appeal to a
biographical imagination taken for granted in the readership.

Commenting, in 1553, on one of Pierre de Ronsard's better-known sonnets,
Marc-Antoine Muret explained that 'le Poete tache a rendre les lecteurs
attentifs, disant, que qui voudra bien entendre la nature d'Amour, viene voir
les effets qu'Amour produit en lui'.[18] Muret, after a pattern familiar in
humanist commentary, describes Ronsard's poem as a series of acts carried
out by 'the Poet'. This 'Poet' is sometimes a poetic fiction, sometimes the
extra-textual Ronsard interacting with contemporaries and his poetic
models. Most often, however, 'the Poet' is a disconcerting fusion of fictive
persona and writer. To grasp the action that Muret describes, we need to
understand the field of things to which, for Muret, Ronsard's deictic 'I' can
refer.[19] In such a case, action emanates from a curiously blurry deictic centre, the
locus of an indistinct 'I'.

Mallarmé's defence of poetic impersonality ('la disparition élocutoire
du poète'), is figured imagistically in the sonnet analysed above. The after-
effects of Mallarmé's disappearing act, which run through the history of
twentieth- and even twenty-first-century criticism, much concerned until
relatively recently with the death of authors, are in part responsible for our
ideological resistance. There is often, in commentary, embarrassment that
sixteenth-century texts do not fit with modern preconceptions about poetry, and
what gets blamed is not the presumption of 'impersonality' but rather
the historical texts themselves (which is a remarkably ahistorical way to read).
For example, the pellucid collective introductions to the 1985 and 1986
republished Ronsard commentaries do not entirely avoid accusations of
'naïveté'.[20] Since no Renaissance authors had read a word of Mallarmé or

---

18. Ronsard, *Le Premier Livre des Amours* (Paris: Meurice, 1553), p. 2.

19. A variety of action is also presupposed in neo-Platonic theories of poetic effect, such as
those underlying the Academy of Poetry and Music founded in 1570 by Jean-Antoine de
Baïf. If poetry, as sixteenth-century writers often urge, should have effects on listeners –
moving their souls as Orpheus moved the beasts and stones – poets must be touched with
divine fury. This poetic fury is unearthly, emerging where divine will supersedes human
agency. Poetry is action, but only to the extent that the heavens grant inspiration and
render the verse efficacious: poetic fury is a force that runs through the poet, not from him
or her. Yet, the effects of poetry are elusive, and the topoi are often adduced in the service
of poetic reputation. Ronsard, in particular, exploits them frequently, and they help
consolidate his own poetic prestige. Baïf does so as well. Does the position of the poet,
imagined at the centre of a ring of charmed listeners, in fact allow him or her to conceive
of verse as a variety of action linked with the first-person pronoun?

20. See the otherwise excellent introductions to Marc-Antoine (de) Muret, *Commentaires au
premier livre des Amours de Ronsard*, ed. by J. Chomarat, M. M. Fragonard, Gisèle
Mathieu-Castellani (Geneva: Droz, 1985) and Rémy Belleau, *Commentaire au Second
Livre des Amours de Ronsard*, ed. by M. M. Fontaine and F. Lecercle (Geneva: Droz,

Barthes, surely it is important that many sixteenth-century printers thought it was somehow desirable to present texts in biographical terms, and it might be important, and perhaps even interesting, to think about why.

Deictics are a small part of an answer to this question. We could give sixteenth-century readers more benefit of the doubt in their ability to shift, according to what they find most relevant at a particular moment, between very different varieties of commentary, and indeed very different types of deictics – both 'strong' and 'weak' – juxtaposed within a single text.[21]

Commentators also work on the assumption that their readers have different levels of expertise, and so peddle different types of interpretation to different kinds of readers; the unitary 'Lector' of Du Bellay's epigram is anything but unified. Indeed, in the Ronsard commentaries of Muret and Belleau, readers are offered both glosses of the most elementary mythological references, and, in addition to Latin, substantial chunks of un-translated Greek (which would have been a challenge even for as sophisticated a reader as Montaigne). Certainly, the very puzzling question of to whom these commentaries are addressed (if indeed they are addressed to someone at all, and are not simply exercises in *ethos*-building) becomes considerably easier if we assume that the *Lector* addressed in Du Bellay's dedicatory poem is a multi-headed creature, or a shape-shifting one.

So, let us take two examples from the first pages of Belleau's commentary on the *Second Livre des Amours*, in the 1560 version, starting with the place where Ronsard stages a complaint to Pontus de Tyard about the inconstancy of his public, whom he claims to be upset because he has chosen to write in a less elevated style.[22]

1986). Nor does, for example, Gisèle Mathieu-Castellani avoid the critique of the commentators' naïveté, in a seminal article: 'La Poésie et son lecteur, le poète et son public d'après le Commentaire de Muret' in *L'Écrivain face à son public en France et en Italie à la Renaissance. Actes du Colloque international de Tours (4–6 décembre 1986)* (Paris: Vrin, 1989), pp. 359–67. Mathieu-Castellani observes: 'pour le commentateur, Ronsard poète, Ronsard amant, et le locuteur ne sont qu'un, et il est la première victime de l'illusion référentielle' (p. 360). This language of 'victimhood' is less prominent in the invaluable 1999 edition of the 1553 Muret/Ronsard, *Les Amours, leurs commentaires*, ed. by Christine de Buzon and Pierre Martin, preface by Michel Simonin and postface by Jean Céard (Paris: Didier, 1999).

21. I use 'relevant' here as a term of art. I would prefer not to present this type of back-and-forth movement in reading as 'code-switching', as I'm not sure that such 'codes' are, or can be, adequately defined. I operate with inferential, and not code-based, assumptions about linguistic usage. Specifically, I am using 'relevance' in the sense of Sperber and Wilson's relevance theory. See Dan Sperber and Deirdre Wilson, *Relevance: Communication and Cognition*, 2nd edn (Oxford: Blackwell, 1995).

22. The second book is introduced, in Pierre de Ronsard, *Les Œuvres de P. de Ronsard*, 4 vols (Paris: Gabriel Buon, 1560), I, fol. 3ᵛ (second pagination), with six lines of Propertius in

Mon Tyard, on disoit à mon commencement
Que j'estoy trop obscur au simple populaire
Mais aujourdhuy l'on dit que je suis au contraire
Et que je me dements parlant trop bassement.
     Toy, de qui le labeur enfante doctement
Des livres immortels, di moi que doi-je faire
Di moi, car tu scais tout, comme doi-je complaire
A ce monstre testu, divers en jugement,
     Quand j'ecri hautement il ne veut pas me lire
Quand j'escri bassement il ne fait qu'en médire:
De quez liens serrez, ou de quel rang de clous
     Tiendrai-je ce Prothé, qui se change à tous cous?
Paix paix, je t'enten bien, il faut laisser dire,
Et nous rire de lui, comme il se rit de nous.[23]

[My Tyard, it was said when I started
That I was too obscure for the simple public
But today, they say, I am – just the opposite –
Debasing myself by speaking in too low a fashion.
     You, who, through learned labour, give birth
To immortal books: tell me what I should do
Tell me, for you know everything, how shall I satisfy

which the poet is enjoined not to be so serious and to sing the kind of things a girl wants
to hear. The lines are these:

quid tibi nunc misero prodest grave dicere carmen
    aut Amphioniae moenia flere lyrae?
plus in amore valet Mimnermi versus Homero:
    carmina mansuetus lenia quaerit Amor.
i quaeso et tristis istos sepone libellos,
    et cane quod quaevis nosse puella velit! (Prop. 1. 9, ll. 9–14)

[What good is it now, in your misery, to speak your solemn poem,
to mourn the walls of Amphion and his lyre?
Mimnermos' poetry is worth more in love than Homer's:
mild Love seeks soft songs.
Please, go bury those sad books
and sing anything the girl wants to hear!]

From Sextus Propertius, *Elegies*, ed. and transl. by V. Katz, available on the Perseus server:
<http://www.perseus.tufts.edu/hopper/text?doc=Perseus%3Atext%3A1999.02.0067%3Abook%
3D1%3Apoem%3D9>, [accessed 8 February 2017]. Note the pejorative deictic 'istos libellos'
('those little books'). The translation has the heading 'Addressed to Ponticus', missing in the
source text. In all transcriptions from French in sixteenth-century Ronsard editions, I have
resolved 'i' and 'j', 'u' and 'v'.
23.   Pierre de Ronsard, *Les Œuvres*, I, fol. 9[r] (second pagination). Translation mine.

This stubborn monster, so fickle in its judgment?
        When I write in too high a style, the monster will not read me;
When I write in a low style, the monster speaks badly of me.
With what tight bonds, with what rows of nails
        Can I constrain this always-changing Proteus?
Peace, peace, I hear you well: one must let it speak
And laugh about it, as it laughs about us.]

There are a number of deictics in this poem. Perhaps most strikingly, in line 12, the inconstant public is styled as 'ce monstre testu' and 'ce Prothé, qui se change à tous cous?' Belleau, after telling us who Tyard is ('homme des plus doctes de nostre tems'), as he does generally with the addressees of the sonnets, goes on to gloss 'ce monstre testu' as a Hydra, 'Bellua multorum capitum', 'laquelle nourrissoit un nombre infini de testes fertilement renaissantes'.[24] We also see the reading public figured as Proteus, with five lines from book IV of the *Odyssey*, which, translated, read:

> Thereafter, let your hearts be filled with strength and courage, and do you hold him there despite his striving and struggling to escape. For try he will, and will assume all manner of shapes of all things that move upon the earth, and of water, and of wondrous blazing fire. Yet do ye hold him unflinchingly and grip him yet the more.[25]

(It is perhaps hard not to read the spelling of 'coups' here as 'cous', necks, appropriate to the example of the Hydra...)

Now, aside from the fact that Hydras are not Old Men of the Sea, what is happening here is that, on the pretext of claiming that he has been criticized by a vaguely defined reading public, Ronsard repeatedly uses demonstratives pointing to a mythological beast or demigod characterized by mutability and intangibility. The speech act carried out by the poem is something on the order of 'see, Tyard (member of my broad poetic network), I'm writing this volume in the low style'. The speech act of the commentary is to show off borrowed erudition, which in fact has relatively little to do with the question at hand (in particular the preterition in which Belleau says he will not talk about Proteus as 'la matiere confuse'). So the deictic 'ce' here points at an imagined, indistinct set of Ronsard's readers, perhaps, although not necessarily, distinct from the readers of Belleau's commentary.

---

24. Ronsard, *Les Œuvres*, I, fol. 9ᵛ (second pagination).
25. Belleau commentary in Pierre de Ronsard, *Les Œuvres*, I, fol. 9v (second pagination). The Greek passage is Homer, *Odyssey*, book IV, ll. 415–20. Translation (unattributed) from the Perseus Digital Library, < http://perseus.uchicago.edu> [accessed 8 February 2017].

Deictics do not only point to the indistinct reader, but also to the object of affection, in love poetry, for example, in the following:

> Ma plume sinon vous ne sçait autre suget,
> Mon pié sinon vers vous ne sçait autre voiage,
> Ma langue sinon vous ne sçait autre langage,
> Et mon œil ne connoist que vous pour son obiet.
>   Si je souhaite rien, vous estes mon souhait,
> Vous estes le doux gaing de mon plaisant dommage,
> Vous estes le seul but ou vise mon courage,
> Et seulement en vous tout mon rond se parfait.
>   Je ne suis point de ceux qui changent de fortune.
> Comme un tas d'amoureux, je n'en puis aimer qu'une,
> Cette une m'en vaut cent, las: je vous aime mieus
>   Que mon cœur ny que moy, & plustost que de faire
> Chose qui peut en rien nostre amitié deffaire,
> J'aimerois mieus mourir, tant j'aime voz beaus yeus!²⁶

> [My pen knows no other subject than you,
> My foot knows no other way but towards you,
> My tongue, no language but you
> And my eye, but you as its object.
>   If I wish for anything, you are my wish:
> You are the sweet prize of my pleasant suffering;
> You are the only goal towards which my heart tends
> And only in you is my circle made complete.
>   I am not one of those who change in fickle fortune,
> As do so many lovers, I can love only one
> This one is worth a hundred to me: Alas, I love you more
>   Than my heart or myself, and rather than do
> Anything that could undo our friendship in any measure
> I'd prefer to die, so much do I love your beautiful eyes.]

The deictic that may well strike the reader here is the somewhat odd 'cette une'. Belleau paraphrases the sense of the sonnet as follows: 'elle est le seul objet de ses passions'. (He seems to know this not to be the case, of course, even within the economy of the book, because ten pages previously, Belleau had glossed Ronsard's 'Je ne suis pas seulement amoureux de Marie', a sonnet inspired by Tibullus's two loves and detailing the polyamorous loves of 'l'Autheur'.)²⁷

'Cette une' opens the possibility then that there might be other 'unes' (a hundred, even *mille e tre*), and that the unity of the addressed beloved hides the multiplicity of the possible substitutions for a supposedly unified object of

---

26. Ronsard, *Les Œuvres*, I, fol. 27ᵛ (second pagination).
27. Ibid., fol. 17ʳ (second pagination).

desire. But, in the commentary, we are asked to entertain the fiction of the unitary object of affection, extra-textually and, simultaneously, inter-textually, to notice how Ronsard's devices are borrowed from Petrarch as well as from Tibullus.

The use of underdetermined deictics, which point to the possibility of multiple substitutions and intertextual references, does not keep the commentator from presenting the text in biographical terms, and assuming that 'cette une', in this last example, refers both to a particular woman met by the poet in Anjou, and to a multiplicity of objects of desire contained within the intertextual nexus (Tibullus, Petrarch, for example). The objects pointed to by the deictics are assumed to be both really existing things ('stronger' deixis) and pawns in a poetic game ('weaker' deixis), just as Belleau's author is both a collection of intertextual references and an actually existing person, 'l'Autheur', Pierre de Ronsard.

Poetry engages with the world of its readers, in part through the use of deictics that exploit the inferential capacities of its readers. The first three examples showed how deixis in poetry can point both self-referentially, at elements of poetic discourse itself and at objects in a world shared with the reader. Mallarmé's 'cet unanime blanc conflit' is a way of figuring imagistically his ideas about poetic disappearance, and as such is very difficult to imagine except as a highly underdetermined deixis. Scève's 'voicy' points to the moment of *innamoramento* in what is both a conventional poetic topos and the evocation of a conversion experience with which the reader is expected to be able to identify, in addition to recreating it imaginatively. In a different mode, Du Bellay's 'hoc opus' refers, extra-textually, to Ronsard's work. These are three different deictic modes, although readers have little difficulty passing between them.

By comparison, the examples from Ronsard and Belleau's deictics run the gamut between 'weak' and 'strong', that is, between intertextual references, the commonplaces of poetry, and the places and people of extra-textual life (Anjou, Marie). Ronsard's deictics, as they are read by Rémy Belleau, are never as underdetermined as Mallarmé's; Ronsard certainly writes in a literary world of recognisable topoi like Scève's, although occasionally his deixis is as highly determined as Du Bellay's. Like modern readers, Ronsard's early readers move fluently, by inference, between assumptions of weak reference and assumptions of concrete, highly-determined reference; indeed, the effect of the poetry often relies, conspicuously, on the mutable nature of poetic deixis, the possibility of poetry to create a 'here' and a 'now', a 'this' and a 'that', re-experienced because remade in the experience of reading. Indeed, the examples of deixis presented here suggest that the relationship between the linguistic act instantiated by a poem and the world of its readers can be understood via many of the same inferential mechanisms we use to understand language outside of the 'literary' realm.

Certainly, deictics in poetry are troubling, and reward careful analysis. But if one takes the position that poetry is just a word game, a position ultimately untenable for the study of Renaissance poetry, it is very difficult to make any sense of how one could distinguish between the varieties of reference. It makes it all the more difficult to understand how poetry might *do* something in the world, how it might constitute a variety of action and, indeed, how anything resembling poetic understanding might take place, 'here' and 'now'.

Nottingham French Studies 56.3 (2017): 366–368
DOI: 10.3366/nfs.2017.0197
© University of Nottingham
www.euppublishing.com/nfs

NOTES ON CONTRIBUTORS

JEAN CÉARD, professeur honoraire à l'université de Paris-Ouest-Nanterre-La Défense, a été président de la Société Française d'Étude du Seizième Siècle. Spécialiste de la littérature française et de l'histoire culturelle de la Renaissance, il est l'auteur de *La Nature et les prodiges* (2ᵉ éd., Genève: Droz, 1996). Il a édité en tout ou partie, seul ou en collaboration, Aldrovandi, Boaistuau, Du Bartas, Montaigne, Nider, Paré, Rabelais, Ronsard, Tyard, etc., et a particulièrement travaillé sur la poésie et l'histoire des sciences de la Renaissance (médecine, zoologie, astronomie, démonologie, divination, linguistique). Il achève actuellement une édition critique et annotée des *Œuvres* d'Ambroise Paré.
Address for correspondence: jean.ceard@noos.fr

RICHARD COOPER is Emeritus Professor of French at the University of Oxford and a Fellow of Brasenose College. His Renaissance research interests range from major writers like Rabelais, Marguerite de Navarre, Scève, Du Bellay and Ronsard, to Franco-Italian relations, the collecting of antiquities, printing in Lyon, sixteenth-century fiction and theatre, and court festival. Recent publications include editions of Marguerite de Navarre and of the romance *Gérard d'Euphrate*, and a study of *Roman Antiquities in Renaissance France (1515–1565)*.
Address for correspondence: richard.cooper@bnc.ox.ac.uk

JEAN DUPÈBE, professeur émérite de littérature française à l'université de Paris-Ouest-Nanterre, a consacré une grande partie de ses recherches à l'histoire de la médecine, de l'astrologie et de la magie dans les cercles humanistes parisiens du seizième siècle en s'attachant aux vives controverses scientifiques et religieuses que ces disciplines suscitèrent. Sa curiosité s'est portée, en particulier, sur quelques médecins astrologues, comme Antoine Mizauld et le jeune Michel Servet, ainsi que sur Nostradamus.
Address for correspondence: jean.dupebe0715@orange.fr

MARIE MADELEINE FONTAINE, professeur honoraire en Littérature de la Renaissance française, ancienne élève de l'École Normale Supérieure (Boulevard Jourdan), a enseigné dans les Universités de Rouen (1969–82), de la Sorbonne (1982–2000) et de Lille III (2000–8) et aimé y faire lire romans, recueils poétiques, traités et autres textes méconnus. Elle en a édité certains – Barthélemy Aneau, Rémy Belleau, Pietro Del Monte, Jean Lemaire de Belges et Jacques Yver – et fait connaître beaucoup d'autres par des articles parus en France, Italie,

Angleterre, Suisse et Canada; elle s'est ainsi consacrée à Rabelais, Ronsard et Du Bellay, au rire, aux exercices corporels et aux jeux, à la médecine etc. et aux relations de la littérature avec l'architecture, l'art des jardins et la musique.
Address for correspondence: mmfontaine@noos.fr

JAMES HELGESON is a composer and scholar based in Berlin, working at the intersection of music, literature and philosophy. His first degree was in composition at the Curtis Institute of Music, Philadelphia, and he is currently a doctoral candidate in Music Composition at Royal Holloway, University of London. He holds a doctorate in French literature from Princeton, and has taught at Nottingham, Columbia and Cambridge. He is the author of *The Lying Mirror: The First-Person Stance and Sixteenth-Century Writing* (Geneva: Droz, 2012), *Harmonie divine et subjectivité poétique chez Maurice Scève* (Geneva: Droz, 2001), and *Wittgenstein: Theory, Literature* (as editor, Edinburgh: Edinburgh University Press, 2011). He was a research lecturer in the Balzan Prize project of Prof. Terence Cave (St John's College, Oxford) entitled 'Literature as an Object of Knowledge'.
Address for correspondence: jshelgeson@gmail.com

DIDIER KAHN (Directeur de recherche, CNRS) travaille sur l'histoire de l'alchimie, l'œuvre de Paracelse et l'édition des *Œuvres complètes* de Diderot. Il a récemment publié *La Messe alchimique attribuée à Melchior de Sibiu* (Paris: Classiques Garnier, 2015) et *Le Fixe et le volatil. Chimie et alchimie, de Paracelse à Lavoisier* (Paris: CNRS Editions, 2016).
Address for correspondence: dkahn@msh-paris.fr

NEIL KENNY is Senior Research Fellow of All Souls College and Professor of French at the University of Oxford. His current research is on the relationship in early modern France between (i) families, (ii) social hierarchy and (iii) literature and learning. His publications include *Death and Tenses: Posthumous Presence in Early Modern France* (Oxford: Oxford University Press, 2015), *The Uses of Curiosity in Early Modern France and Germany* (Oxford: Oxford University Press, 2004) and *An Introduction to Sixteenth-Century French Literature and Thought: Other Times, Other Places* (London: Duckworth, 2008).
Address for correspondence: neil.kenny@mod-langs.ox.ac.uk

RICHARD MABER is Emeritus Professor of French at Durham University, and was for twenty years Director of the university's interdisciplinary Research Centre for Seventeenth-Century Studies. He is the founder (1985) and General Editor of the journal *The Seventeenth Century*. His principal research interests are seventeenth-century French poetry and early modern intellectual history, especially the networks of learned correspondence of the European Republic of Letters. He is currently editing the extensive complete correspondence of Gilles Ménage (1613–92), which will be published in six volumes by Honoré Champion.

Address for correspondence: r.g.maber@durham.ac.uk